Dolores Kummer

MIKROABENTEUER

ZUM ENTDECKEN UND GENIESSEN

360° medien

IMPRESSUM

Rügen

50 MIKROABENTEUER ZUM ENTDECKEN UND GENIESSEN

Dolores Kummer

Nachtigallenweg 1 | 40822 Mettmann
360grad-medien.de

Redaktion und Lektorat: Christine Walter

Satz und Layout: Elke Gräfe, Lucas Walter

Gedruckt und gebunden:
LD Medienhaus GmbH & Co. KG | Feldbachacker 16 | 44149 Dortmund
www.ld-medienhaus.de

Bildnachweis: siehe Seite 272

ISBN: 978-3-96855-302-3
Hergestellt in Deutschland

360grad-medien.de

Vorwort

Warum Rügen? Warum nicht Usedom oder Sylt? Überall ist es doch schön, aber Rügen ist anders, nicht nur größer, sondern auch wilder und abwechslungsreicher. Wer nach Rügen reist, will außer Meer und Strand noch etwas mehr.

97 Prozent der Rügenurlauber kommen derzeit aus Deutschland. Mehr als 30 Jahre nach dem Mauerfall sind darunter viele Stammgäste aus allen Bundesländern.

Sie betreten mit diesem Reiseführer also kein Neuland, wollen aber mehr erfahren, die neusten Trends oder kleine Geheimtipps. Auf Rügen ist vieles möglich. Der Hamburger bekommt in Binz seine Austern, in Nonnevitz steht der Sachse wie vor 50 Jahren mit dem Wohnwagen am FKK-Strand. Der Berliner feiert im Surfhostel an der Tikibar und der Bayer fährt ganz groß raus zum Hochseeangeln. Alles geht hier parallel, ohne dass man sich auf die Füße tritt und das ist gut so. Doch eine kleine Veränderung schadet auch nicht.

Die letzten Jahre waren für viele Menschen eine Herausforderung und voller Stress. Der Urlaub bekam noch mal eine ganz andere Bedeutung, wurde auch neu gedacht. Darum empfehle ich heute bei 50 Mikroabenteuern nicht nur die bekannten Sehenswürdigkeiten, sondern vielleicht auch ungewöhnliche Orte der Schönheit und Ruhe, wo man nachhaltig und unaufgeregt unterwegs sein kann. Die Insel einmal neu entdecken, sie mit anderen Augen sehen, ohne auf sportliche Angebote, Kultur und Kulinarisches verzichten zu müssen.

Rügen verfügt über eine unglaublich schöne Natur und es ist gut, dass sie rechtzeitig geschützt wurde. Doch nicht nur die großen Kreidefelsen und der Wald sind sehenswert, sondern auch die

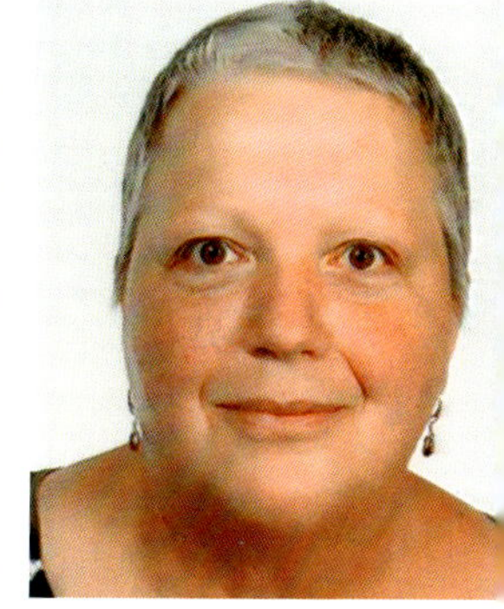

sehr abwechslungsreiche Boddenlandschaft, die Naturstrände oder die kleinen Dörfer. Es gibt bezaubernde Plätze wie den Palmer Ort oder den Wald Goor, wo man auf dem „Pfad der Muße und Erkenntnis" wandeln kann. Still und abwechslungsreich ist auch eine Wanderung um den Tetzitzer See oder über die Zicker Berge auf dem Mönchgut.

Für mich immer wieder berauschend sind die Alleen, oft bleibe ich stehen und bewundere das Blätterdach der riesigen Bäume. Ganze 175 Alleen gibt es auf Rügen, manche Bäume sind schon 200 Jahre alt wie die Mustitzer Rotbuchen.

Nicht zuletzt sind es auch die Menschen, die Rügen ausmachen. Ich möchte mich hier bei allen bedanken, mit denen ich sprechen durfte, die mir geholfen haben bei diesem Reiseführer. Mein Dank gilt auch dem Tourismusverband Mecklenburg-Vorpommern, der mich bei meinen Rechercheireisen unterstützte und immer, wenn ich Hilfe brauchte.

Wir Reisenden sind nur zu Gast auf der Insel, zu Gast in der Natur und zu Gast bei den Menschen, die hier ihre Heimat haben. Dies sollten wir nicht vergessen, wenn wir uns auf dem wunderschönen Eiland bewegen. Respekt und Achtsamkeit werden hier aber fürstlich belohnt.

Dolores Kummer

Inhaltsverzeichnis

Schöne Mitbringsel in Putgarten

Hinweise: Während der Recherche zu diesem Buch änderten Lokale und Besucherattraktionen aufgrund der Corona-Pandemie immer wieder ihre Arbeitsweise. Darum wurde bei den Service-Informationen auf die Angabe von Öffnungszeiten, Preisen etc. verzichtet. Allen Reisenden sei empfohlen, sich aktuell vor Ort bzw. auf den aufgeführten Internetseiten zu informieren.

Aus Gründen der besseren Lesbarkeit wird auf eine geschlechtsneutrale Differenzierung verzichtet. Entsprechende Begriffe gelten im Sinne der Gleichbehandlung grundsätzlich für alle Geschlechter. Die verkürzte Sprachform beinhaltet keine Wertung.

Willkommen auf Rügen

Rügen ist eine Insel der Superlative. Sie ist nicht nur die größte Insel Deutschlands, sondern für viele auch die schönste: Nirgendwo gibt es mehr Abwechslung. Rügen ist 926,4 Quadratkilometer groß, hat rund 70.000 Einwohner und 574 Kilometer Küste, davon sind 56 Kilometer feinster Sandstrand und noch einmal 27 Kilometer Naturbadestrand. Die Insel bietet 22 Häfen, sieben Seebäder, vier Seebrücken, zwei Nationalparks, ein Biosphärenreservat und 28 Naturschutzgebiete. Rund 6,4 Millionen Übernachtungen verzeichnet Rügen jährlich. Es gibt 800 Kilometer Rad- und Wanderwege sowie unzählige Sport- und Freizeitmöglichkeiten, Feste, Kultur- und Musikveranstaltungen.

Auf Rügen ist man im wahrsten Sinne des Wortes auch steinreich. Die riesigen Findlinge, Dolmen, Hügel- und Hünengräber, Opfer- und Feuersteine sind ein Markenzeichen der Insel. Sie regten die Fantasie der Menschen zu allen Zeiten an, begründeten einen riesigen Märchen- und Sagenschatz. Die Steine kamen in der letzten Eiszeit mit gigantischen Eismassen aus Skandinavien. Als die Gletscher abschmolzen, hinterließen sie die Ostsee mit den Inseln. Das war vor ungefähr 70.000 Jahren. Die Kreide aber ist noch viel älter, entstand vor rund 69 Millionen Jahren in einem großen, warmen Schelfmeer.

Die ersten Menschen auf Rügen waren durchziehende Rentierzüchter. Die ersten Siedler kamen um 8000 v. Chr., als Ackerbauern und Viehzüchter. Zwischen 3500 v. Chr. bis in die ältere Bronzezeit um 1100 v. Chr. baute man für die Toten riesige Steinbetten. Bei Lancken-Granitz sieht man eine Reihe dieser Hünengräber. Bei Ausgrabungen fand man Bernsteinperlen, aber auch römisches Kunsthandwerk. Bereits die ostgermanischen Stämme betrieben hier einen ausgiebigen Handel. Die Römer gaben ihnen den Namen „Rugini" oder „Rugen", jene, die den Roggen anbauen.

Im 7. Jahrhundert vertrieben die slawischen Ranen die Germanen. Sie waren gefürchtete und kriegerische Seefahrer. Reste ihrer mächtigen Wehranlagen sieht man noch in Garz, auf dem Rugard oder bei der Herthaburg. Ihr Hauptheiligtum stand am Kap Arkona mit dem vierköpfigen Gott Svantevit, dem Gott des Friedens, der Fruchtbarkeit und des Überflusses. Unter dem Vorwand der Christianisierung kam es 1168 zur einer entscheidenden Schlacht mit den Dänen, dafür hatten sich König Waldemar I. von Dänemark und Heinrich der Löwe zusammengetan. Gemeinsam besiegten sie die Slawen und unterwarfen sie. Der Ranenfürst Jaromar I. konnte Rügen als Lehen behalten. Jedoch wurden alle Heiligtümer zerstört. Auf heidnischen Grabhügeln wurden Kirchen gebaut. Sehr anschaulich sieht man das in Altenkirchen. Der letzte Ranenfürst starb 1365.

Rügen ist steinreich.

Fischerboot in Binz

Läuft man heute durch Stralsund, stößt man alle Nase lang auf die Spuren der Schweden. So wohnte König Karl XII. ein ganzes Jahr in der heutigen Schwedenstraße und die Büste Gustavs II. Adolf steht im Innenhof des Rathauses, auch einige Bastionen erinnern an ihre Wehrhaftigkeit. 1627 hatten die kaiserlichen Truppen unter Albrecht von Wallenstein bereits Mecklenburg erobert, jetzt wollten sie Pommern. Rügen war bereits besetzt, aber nicht Stralsund. Wallenstein errichtete ein Lager vor den Toren der Stadt. Der Stralsunder Bürgermeister rief dänische und schwedische Truppen zu Hilfe, gemeinsam siegten sie über die Kaiserlichen. Das feiert man heute, jedes Jahr im Juli, bei den Wallensteintagen in Stralsund. Mit dem Westfälischen Frieden von 1648 gehörte Schwedisch-Pommern samt Rügen ganz zu Schweden und blieb es bis 1815. Nach dem Beschluss des Wiener Kongresses über eine territoriale Neuordnung Europas kam Rügen ins Königreich Preußen.

In diese Zeit fallen auch die ersten größeren Erkundungsreisen von Dichtern, Malern und Musikern der Romantik. Mit ihren

Erzählungen, Gedichten und Gemälden machten sie die Insel in ganz Europa berühmt, vor allen der Maler Caspar David Friedrich. Er ist bis heute der beste Marketingchef von Rügen. 1897 schrieb Elizabeth von Arnim über den Weg von Sassnitz zur Stubbenkammer: „Ich glaube, es gibt wenige Wege auf der Welt, die von Anfang bis Ende so vollkommen schön sind." Nun, das stimmt zwar, aber es gibt auf Rügen nicht nur einen sehr schönen Wanderweg.

Klar ist: Man muss Stralsund besuchen! Das Tor zur Insel zählt mit seiner Altstadt, mit den Backsteinbauten, den zahlreichen Giebelhäusern und dem Hafen zum UNESCO-Weltkulturerbe. Ganz außerordentlich ist das Deutsche Meeresmuseum mit dem OZEANEUM am Hafen und dem NAUTINEUM auf dem Dänholm.

Im Südwesten der Insel liegen Altefähr, Rambin, Poseritz, Garz und die Halbinsel Zudar. Eine stille Gegend, wo es noch viel zu entdecken gibt, wunderbar flach zum Radeln. Hier verstecken sich kleine Kostbarkeiten wie die Kapelle Bessin, das Kloster Rambin, die Poseritzer Inselfrische-Molkerei oder der südlichste Punkt der Insel Rügen, der Palmer Ort.

In Zentralrügen findet man die Inselhauptstadt Bergen mit einer schönen Klosteranlage und Putbus, die Planstadt des Fürsten Wilhelm Malte I., dessen Namen man auf der Insel noch öfter hören wird. Der Fürst war Anfang des 19. Jahrhunderts Wegbereiter einer neuen Generation, durch seine rege Bautätigkeit prägend. Sein Jagdschloss Granitz ist heute das meistbesuchte Schloss von ganz Mecklenburg-Vorpommern. Südlich von Putbus liegt Lauterbach mit einem großen Jachthafen, östlich die Goor, ein wunderschöner Wanderwald, gegenüber die Insel Vilm und westlich die verträumte Boddenlandschaft. Nördlich von Bergen bis hin nach Schaprode hat man wieder ein stilles Entdeckerland, wo am Tetzitzer See auch im Hochsommer noch völlige Ruhe herrscht. Südlich des Großen Jasmunder Bodden erfreut die größte Naturbühne Europas; die Störtebeker Festspiele sind ein Muss, wenn man die Insel besucht.

Die Halbinsel Mönchgut steht für Tradition auf Rügen mit vielen historischen Fischer- und Bauernhäusern, aber auch mit den Mönchguter Museen. In Göhren, Baabe und Thiessow hat man einen kilometerweiten feinen Sandstrand. Das Mönchgut ist Teil des Biosphärenreservats Südost-Rügen. Die Halbinseln Klein und Groß Zicker bieten Wandererlebnisse, die man nicht vergisst. Gager ist bekannt durch seinen Fischereihafen und Baabe hat die kleinste Fährverbindung Deutschlands.

Wege übers Land

Auf der Granitz findet man den großen Wald mit dem Jagdschloss, die Großsteingräber in Lancken-Granitz und das Ostseebad Sellin mit zauberhaften, historischen Villen und der schönsten Seebrücke an der Ostsee.

Die Binzer Bucht steht für das größte Seebad von Rügen: Binz mit der sehenswerten Bäderarchitektur, aber auch mit feinen Restaurants und Hotels, dahinter gleich Prora, die ehemalige Kraft-durch-Freude-Anlage mit dem nahen Baumwipfelpfad, dahinter dann die Feuersteinfelder.

Nördlich liegt die Halbinsel Jasmund mit der Hafenstadt Sassnitz und dem Nationalpark Jasmund, mittendrin das UNESCO-Welterbe Alte Buchenwälder. Hier sind die berühmten Kreidefelsen mit dem Königsstuhl und der neuen Aussichtsplattform. Der westliche und nördliche Teil Jasmunds punktet mit Idylle, schön sind Lohme, das Schloss Spyker und die leisen Boddenwege.

Ganz oben im Norden geht es rau zu. Die Halbinsel Wittow ist das Windland, mit einem stark besuchten Kap Arkona und dem lieblichen Westen mit Dranske, Nonnevitz und Wiek, wunderbar flach, mit wilden Naturstränden und den meisten Sonnenstunden.

Zum Schluss sind da noch die Inseln Ummanz und Hiddensee sowie Schaprode mit der Udarser Wiek. Der Leuchtturm von Hiddensee wurde schon oft besungen und noch öfter besucht. Ummanz dagegen bietet alles, was man für einen stillen Urlaub braucht, vor allem Ruhe und Wind für die Surfer. Hier ist eines der schönsten Stehreviere Deutschlands.

Der Küstenwald

Top 10

DER SEHENSWÜRDIGKEITEN AUF RÜGEN

1 **Hansestadt Stralsund:** Die Altstadt von Stralsund zählt zu den schönsten im norddeutschen Raum und wurde zu Recht als UNESCO-Weltkulturerbe anerkannt. Beeindruckend sind die Bauten der Backsteingotik, Kirchen und Klöster sowie das Ensemble des Rathauses. Stralsund ist eng mit dem Meer verbunden; am Hafen oder auf dem Dänholm sieht man Großsegler, Ausflugsboote, Jachten und Fischerkähne. Interessant sind auch die zahlreichen Museen, darunter das Deutsche Meeresmuseum mit drei Standorten, wobei das OZEANEUM ein Erlebnis der Superlative bietet. Schön sind kleine, individuelle Geschäfte sowie kulturelle Höhepunkte wie die Wallensteintage. Schließlich ist Stralsund auch das Tor zur Insel Rügen. *stralsund.de*

2 **Störtebeker Festspiele:** Wer nach Rügen reist, muss zu Störtebeker nach Ralswiek mit der größten Open-Air-Bühne Europas. Rund 8000 Zuschauer verfolgen jeden Abend das grandiose Spektakel auf der größten Open-Air-Bühne Europas, welches sich immer um den Piraten Klaus Störtebeker und seine Likedeeler dreht. Jedes Jahr wird ein neues Theaterstück inszeniert. 150 Mitwirkende, 30 Pferde und vier große Kog-

gen sind im Einsatz, zum Schluss gibt es ein riesiges Feuerwerk über dem Großen Jasmunder Bodden. *stoertebeker.de*

3 **Die Seebrücke Sellin:** Neben dem Königsstuhl ist die Seebrücke Sellin ein Wahrzeichen von Rügen. Die Seebrücke ist 394 Meter lang. Auf der großen Plattform gibt es gleich drei Restaurants, ein wahres Schmuckstück, wo immer was los ist. Man schätzt, dass jährlich fast eine Million Touristen die Seebrücke besuchen. Der jetzige Bau aus dem Jahre 1998 orientierte sich am Vorgängermodell von 1925, prächtig mit seinen vier Türmchen und den beiden Seitenpavillons. Am Brückenkopf legen die Dampfer an, und mit der größten Tauchgondel Europas geht es unter Wasser. *ostseebad-sellin.de*

4 **Der Rasende Roland:** Er rast nicht, er schleicht, doch jeder liebt ihn. Der alte Dampfzug „Rasender Roland" gehört zu Rügen wie das Meer und der Strand. Von Putbus fährt er nach Göhren über Binz, Sellin, Baabe und im Sommer auch nach Lauterbach. Unschlagbar ist der offene Waggon, wo das Dampflokfahren erst zum sinnlichen Erlebnis wird. Die Geschwindigkeit beträgt nicht mehr als 30 Kilometer in der Stunde, auf einer Schmalspur von 750 Millimetern, die Strecke ist 24,1 Kilometer lang. *ruegensche-baederbahn.de*

5 **Naturwanderung Zicker Berge:** Groß Zicker ist eine Halbinsel und liegt im Biosphärenreservat Südost-Rügen. Wenn man hier über die Hügel schreitet, wird einem das Herz ganz weit, alles wird licht und frei. Vielleicht ist es die schönste Wanderung auf Rügen? Jedenfalls macht die Natur sprachlos vor Ehrfurcht. Zu Füßen breitet sich die Boddenlandschaft aus, mit kleinen Landzungen, Halbinseln und ganz viel Wasser. Überall sind diese kuschligen Schafe, die Rasenmäher von Rügen. Man muss diese Wanderung mit einem Naturführer wie René Geyer machen, der nicht nur die Magie des Ortes zu vermitteln weiß. *naturgeyer.de*

6 **Die Granitz und das Jagdschloss Granitz:** Der große Wald, die Granitz, war einmal das bevorzugte Jagdrevier der Fürsten zu Putbus. Mittendrin ließ sich Wilhelm Malte I. ein prachtvolles Jagdschloss bauen, das inzwischen zum meistbesuchten Schloss von ganz Mecklenburg-Vorpommern wurde. Der Turm ist 38 Meter hoch und kann über eine Eisentreppe mit 154 Stufen erklommen werden. Beeindruckend ist auch die Trophäen- und Jagdausstellung im Innern. Rings um das Schloss erstreckt sich noch immer ein wunderschöner, großer Wald zum Wandern und Radfahren. *jagdschlossgranitz.de*

7 **Bäderarchitektur Binz:** Die weißen Villen am Strand sind ein Grund, weshalb es jährlich abertausende Gäste nach Rügen zieht. Nirgendwo sonst kann man die Bäderarchitektur so gut studieren wie in Binz. Gebaut wurden die meisten der imposanten Häuser zwischen der Gründerzeit und dem Jugendstil. Die Villen muten fast spielerisch an mit ihren Verzierungen, mal mit Türmchen, Kugeln oder Holzbalkonen, dann wieder schlicht, aber innen mit Ornamenten und Blumenranken. Das Ostseebad Binz hat die meisten historischen Villen, aber ein paar sehr schöne kann man auch in Sassnitz oder Sellin bewundern. *binzer-bucht.de*

8 **Naturerbe Zentrum Rügen:** Kaum zehn Jahre auf der Insel und schon ein Besuchermagnet: Der 1250 Meter lange Baumwipfelpfad bei Prora ist schnell zu einem der beliebtesten Ausflugsziele geworden. Wer mag das nicht, über den Wipfeln schweben? Schon von Weitem sieht man den großen Aussichtsturm, das Adlernest. Wenn man erst einmal dort oben angekommen ist, steht man auf 82 Meter Höhe, sieht die Fähren in Sassnitz ablegen und bei klarem Wetter sogar die Rügenbrücke bei Stralsund. Der Weg ist komplett barrierefrei, am Fuße gibt es eine lehrreiche Ausstellung des Naturerbe Zentrums. *baumwipfelpfade.de*

9 **Kreidefelsen und Königsstuhl:** Die Kreidefelsen haben in Deutschland ein Alleinstellungsmerkmal und stehen im Nationalpark Jasmund unter strengem Schutz. Der mächtigste Felsen ist der 118 Meter hohe Königsstuhl. Er ist das unangefochtene Wahrzeichen der Insel, seinetwegen reisen Menschen seit mehr als 200 Jahren auch von weit her an. Um den

Königsstuhl zu schonen, soll er nicht mehr betreten werden. Stattdessen wurde jetzt eine aufwendige Stahlkonstruktion über dem Felsen errichtet. Auf dem „Königsweg" spaziert man barrierefrei, zwei Meter über dem Königsstuhl. Sehr zu empfehlen sind die Erlebnisausstellung im Nationalparkzentrum Königsstuhl und das Kreidemuseum in Gummanz. *koenigsstuhl.com, kreidemuseum.de*

10 **Kap Arkona:** Das Kap mit seinen drei Leuchttürmen ist ein echtes Erlebnisziel. Fast immer scheint hier die Sonne. Man kann am kleinen Fischerdorf Vitt vorbeiwandern bis zum Kliff. Dort liegen die Reste der Jaromarsburg, dem Heiligtum der Ranen. Sie waren die Ureinwohner Rügens. Wegen der Erosion und den Abbrüchen kann die Burg leider nicht mehr betreten werden, die Archäologen arbeiten dort gegen die Zeit. Jedoch ist das Kap Arkona immer noch wunderschön. Zwei von drei Leuchttürmen kann man erklimmen, es gibt ein Marinemuseum und nicht weit davon den Gellort, den nördlichsten Punkt der Insel. In Putgarten befindet sich der Rügenhof mit einem Sanddorn-Zentrum, Cafés und Restaurants sowie Souvenirläden. *kap-arkona.de*

Kulinarisches und Besonderheiten

AUF RÜGEN

✓ Die Rügenküche ist bodenständig, aber fantasievoll. Das Motto lautet: regional, nachhaltig, frisch. Die kalkhaltigen Böden, das Meerwasser und die Salzwiesen haben Einfluss auf die Aromen, ebenso heimische Kräuter und Wildfrüchte. Das Grundnahrungsmittel Nr. 1 ist der Fisch. Er wird zu allen Jahreszeiten in Ostsee und Bodden gefangen: Hering im Frühjahr, Hornhecht im Mai, im Sommer Steinbutt und Aal, Flunder bis in den Herbst, außerdem Scholle, Dorsch, Zander, Hecht oder Barsch. Der Brotfisch aber bleibt „das Silber des Meeres", der Hering.

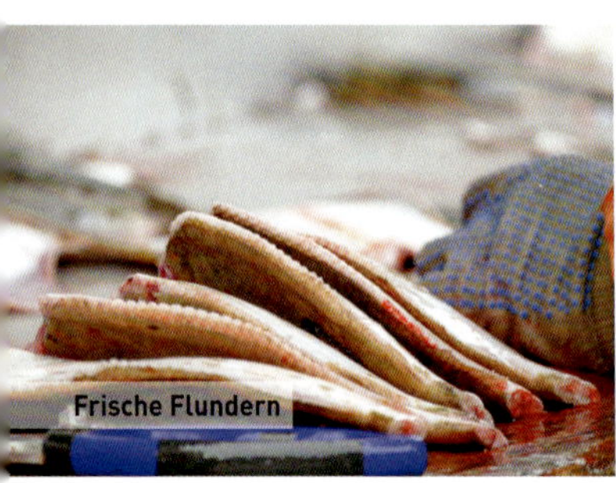

Frische Flundern

✓ Ein Alleinstellungsmerkmal hat der Bismarckhering von Fischhändler Henry Rasmus in Stralsund. Sämtliche Promis, sogar George W. Bush, waren schon im Laden, um sein altes Geheimrezept zu probieren. Man kann sich sogar ein Fässchen nach Hause kommen lassen.

Fischhandel Rasmus

Der Sanddorn wird auch als die „Zitrone des Nordens" bezeichnet. Mit seinem hohen Vitamin-C-Gehalt stärkt er das Immunsystem und ist ein echter Muntermacher. Eine große Plantage findet man in Putgarten am Kap Arkona.

Sanddorn

Rügener Kreidemännchen: Zwerge spielen in den Rügensagen eine wichtige Rolle. Besonders die freundlichen weißen Zwerge, die in den Kreidefelsen leben, sind beliebt: Sie bringen den Kindern kleine Geschenke, lassen sie süß träumen und belohnen alle guten Menschen mit Gesundheit und Wohlergehen. Begegnet man einem weißen Zwerg in einer Vollmondnacht, heißt es, wird man im nächsten Jahr von Sorgen und Nöten verschont. Wer ein Kreidemännchen besitzt, hat also gute Chancen auf Glück und Zufriedenheit.

Bringen Glück!

SCHWEDEN
DÄNEMARK
Ostsee
Nordsee
Kiel
SCHLESWIG-
HOLSTEIN
MECKLENBURG-
VORPOMMERN
HAMBURG
Schwerin
BREMEN
BRANDENBURG
POLEN
NIEDERSACHSEN
BERLIN
Hannover
Potsdam
Magdeburg
NORDRHEIN-
WESTFALEN
SACHSEN-
ANHALT
Düsseldorf
SACHSEN
Dresden
Erfurt
THÜRINGEN
HESSEN
RHEINLAND-
PFALZ
Wiesbaden
Mainz
TSCHECHIEN
SAARLAND
BAYERN
Stuttgart
FRANKREICH
BADEN-
WÜRTTEMBERG
München
ÖSTERREICH
SCHWEIZ

Dranske
Altenkirchen
Wiek
Breege
Libben
Vitte
Glowe
Trent
Sagard
Sassnitz
Ostsee
Gingst
Parchtitz
RÜGEN
Kubitzer Bodden
Binz
Groß Mohrdorf
Prohn
E22
Sehlen
Samtens
Putbus
Altenpleen
E251
Göhren
Middelhagen
Stralsund
105
Pantelitz
Poseritz
Rügischer Bodden
E251
Brandshagen
Steinhagen
96
Wittenhagen
105
Greifswalder Bodden
E251
Mesekenhagen
Lubmin
Loissin
Kröslin
Karlshagen
Grimmen
E22
Greifswald
Rubenow
20
Hinrichshagen
Hof 2
Dersekow
109
Hanshagen
Wolgast
111
Poggendorf
E251

Stralsund und Südwest-Rügen

Die Skyline von Stralsund

Stralsund und Südwest-Rügen

1. Hansestadt Stralsund: Altstadtspaziergang
2. Der Stralsunder Hafen: Tor zur Ostsee
3. Der Dänholm: maritimer Geheimtipp im Strelasund
4. Auf die Insel: von Fähren und Brücken
5. Von Altefähr nach Rambin: zwischen Fährdorf und Inselbrauerei
6. Altefähr-Garz-Putbus: auf der alten Bahntrasse
7. Die Halbinsel Zudar: stiller Geheimtipp

Schaproder Bodden
Ummanz
Waase
Gingst
Kluis
Gnies
Ralswiek
Lietzo
Kleiner Jasmunder Bodden
Patzig
96
E22
Parchtitz
Buschvitz
Bergen auf Rügen
196
Moordorf
Kubitzer Bodden
Dreschvitz
Kaiseritz
Silvitz
Rügen
Sehlen
5
6
Samtens
Rambin
Putbus
Lonv
Kramerhof
E22
96
Karnitz
Kasnevitz
5
2
1
4
6
3
Stralsund
Garz/ Rügen
Gustow
Poseritz
Glutzow Siedlung
Rügischer Bodden
Strelasund
Niederhof
7
4
Brandshagen
96
Ostsee
E251
Reinberg
Miltzow
Wittenhagen
Riems
105
Greifswalder Bodden
E22
Stoltenhagen
Mesekenhagen
Leist 2
Willerswalde
Neuenkirchen bei Greifswald
Wüst Eldena
Kaschow
Prützmannshagen
Jarmshagen
Wackerow
Neuendorf
Hof I
Greifswald
20

1 Hansestadt Stralsund

ALTSTADTSPAZIERGANG

Stralsund ist eine bezaubernde Stadt, an der man sich nicht sattsehen kann. Die farbenfrohe Altstadt zeigt noch heute die Macht und Pracht einer Handelsmetropole zur Blütezeit der Hanse. Zu bewundern sind herausragende Bauwerke der Backsteingotik wie die drei mächtigen Pfarrkirchen, die Klosteranlagen, das Rathaus und die gut erhaltene Stadtmauer. Der historische Stadtgrundriss ist originalgetreu erhalten mit kleinen Rundgassen und wunderschönen Giebelhäusern, die bis zu acht Geschosse hoch sind. Verziert sind sie mit Türmchen, Säulen, Erkern oder Kugeln. Auch die kleinen, individuellen Läden mit Handwerk, Kunst oder Kulinarik sind einen Bummel wert.

Die Hansestadt Stralsund ist das Tor zur Insel Rügen und eine der schönsten Städte Norddeutschlands. Rund sechshundert Häuser wurden in den letzten Jahrzehnten mit großem Aufwand denkmalgerecht saniert. Seit 2002 steht die gesamte Altstadt als Flächendenkmal in der UNESCO-Welterbeliste.

Schon im 10. Jahrhundert war am Strelasund das kleine Fähr- und Fischerdorf Strale bekannt. Legendär wurde von riesigen Heringsvorkommen in der Ostsee berichtet, aber auch schon früh von einem lohnenden Handelsplatz. Die Gründungsurkunde von Stralsund ist auf den 31. Oktober 1234 datiert, unterzeichnet von Wizlaw I., einem slawischen Rügenfürsten. Neben Lübeck war Stralsund die reichste Stadt im südlichen Ostseeraum, mehr als 300 prächtige Hansekoggen segelten unter ihrer Flagge. Man kann sich gut vorstellen, wie die Karren voll mit Pelzen, Getreide oder Bierfässern den Berg hinauf zum Alten Markt gezogen wurden.

Heute tummeln sich dort die Touristen. Der Alte Markt ist umrankt von farbenprächtigen Giebelhäusern. An der Südseite steht das Wahrzeichen der Stadt: die imposante Schaufassade des Rathauses mit sieben spitzen Türmchen und sechs Sternkreisen. Schon vor dem Hansebund begann man um 1300 mit dem Bau, damals aber als „Kobhus", Kaufhaus. Es lohnt einmal um das ganze Gebäude herumzugehen. Der Vier-Flügel-Bau hat in der Mitte zwei Durchgänge, einmal die Nord-West-Passage, auch „Schwedenstraße" genannt, und der Ost-West-Gang, der sogenannte „Buttergang". Von dort kommt man direkt zum Barockportal der St. Nikolaikirche. 1276 erbaut, ist sie die älteste

Der Alte Markt mit beeindruckender Rathaus-Fassade

der drei Pfarrkirchen. Sie gilt heute als eine der schönsten mittelalterlichen Prachtbauten Nordeuropas, auch wegen der reichen Innenausstattung. Majestätisch überragt St. Nikolai die winzigen Altstadthäuschen.

Im vorderen Querflügel des Rathauses befindet sich der Löwensche Saal, der noch heute Ratssaal ist. 1370 wurde dort der „Stralsunder Frieden", ein Friedensvertrag mit Dänemark, geschlossen. Danach hatte Stralsund noch viele Herrscher, über 200 Jahre gehörte die Stadt zur Schwedischen Krone, weshalb sich einige Bewohner in Vorpommern heute noch als Südschweden bezeichnen. 1807 geriet die Stadt kurz unter französische Besatzung, und sieben Jahre später wurde Schwedisch-Vorpommern schließlich an das Königreich Preußen übergeben.

Der Ratskeller mit seinen gotischen Kreuzbögen ist der größte seiner Art im Baltikum, mit 1500 Quadratmetern verläuft er über die Gesamtfläche des Hauses und ist traditionell in der Adventszeit ein zauberhafter Kunsthandwerkermarkt.

Portal von St. Nikolai

Natürlich gibt es rund um den Markt auch schöne Cafés und Restaurants. Besonders ist das Wulflamhaus mit den Wulflamstuben, ein prächtiges gotisches Giebelhaus von 1358 mit vier Türmchen. Im Innern kann man ein typisches mittelalterliches Kaufmannshaus bestaunen. Bertram Wulflam war einer der reichsten Kaufleute und Bürgermeister von Stralsund auf dem Höhepunkt der Hanse.

Wendet man sich vom Markt nach Norden, kommt man über die Kniepерstraße an das Kniepertor. Es ist

Knieper Tor

18 Meter hoch und eines von zwei noch erhaltenen Stadttoren. Vor diesem Tor lagen im Dreißigjährigen Krieg Wallensteins Truppen, die die Stadt aber nicht einnehmen konnten. Stralsund war eine sehr wehrhafte Festungsstadt. Noch heute sieht man mehrere Bastionen entlang des Knieper- und des Frankenteiches. Östlich des Kniepertors geht es über die Schillstraße zum St. Johanniskloster. 1254 von den Franziskanern gegründet, beherbergt es das Stadtarchiv, ein Museum und Wohnungen. Wertvolle Gewölbe- und Wandmalereien sowie farbenfrohe Fachwerkhäuser machen die Anlage sehenswert.

Am Knieperwall entlang kann man die gut erhaltene Stadtmauer mit Wehrtürmen sehen. Durch das Kütertor biegt man Richtung Altstadt ab und gelangt zum St. Katharinenkloster; Mitte des 13. Jahrhunderts von Dominikanern gegründet und heute eines der wenigen Klöster, deren gotische Substanz fast vollständig erhalten ist. Seit 1924 beherbergt es das Stralsundmuseum. Besonders wertvoll ist der Goldschmuck von Hiddensee, ein Wikingerschatz aus dem 10. Jahrhundert. Die Backsteinkirche des Klosters beherbergt das Deutsche Meeresmuseum.

In der Altstadt

Etwas weiter südlich liegt der Neue Markt mit der 1298 erbauten St. Marienkirche, die größte der drei Pfarrkirchen. Ihr Kirchturm misst 104 Meter, auf einer Höhe von 90 Metern gibt es eine Aussichtsplattform. Um den einzigartigen Ausblick zu genießen, muss man allerdings 366 Stufen hochsteigen, was etwas erleichtert wird durch zwei One-Way-Treppen. Es gibt also keinen Gegenverkehr. Der Lübecker Orgelbauer Friedrich Stellwagen schuf hier von 1653 bis 1659 sein letztes großes Meisterwerk: Die kostbare Barockorgel hat 51 Register.

Das Wulflamhaus

Wer gerne durch Geschäfte bummelt, der schwenkt nun von der Frankenstraße über die Judenstraße in die Ossenreyerstraße ein. 1903 eröffnete hier die jüdische Familie Wertheim ihr erstes Kaufhaus, ebenso die Familie Tietz. Im 18. Jahrhundert war Stralsund Zentrum jüdischen Lebens in Vorpommern. Die Nationalsozialisten haben dieses Leben komplett vernichtet. Eine Initiative hat nun begonnen, die Geschichte dieser Menschen zu erzählen. Seit 1992 wurden Stolpersteine der Erinnerung verlegt, über fünfzig sind es bereits.

Folgt man der Heilgeiststraße Richtung Osten, kommt man zum Hafen. Vorher steht aber auf der rechten Seite noch die dritte Kirche: St. Jacobi aus dem 14. Jahrhundert. Sie ist die am stärksten beschädigte Kirche. Durch Blitzeinschlag verlor sie die Turmspitze. Wallensteins Truppen trafen sie mit 30 Kanonenkugeln und die Franzosen nutzten das Gotteshaus als Pferdestall. Heute ist St. Jacobi ein Kultur- und Veranstaltungsort mit Konzerten, Ausstellungen und Theateraufführungen.

Lage: Stralsund, das „Tor zur Insel Rügen", liegt etwa 75 Kilometer östlich von Rostock und 35 Kilometer nordwestlich von Greifswald.

Aktivitäten:

- Geführter Altstadtrundgang mit Stralsunder Originalen oder Nachtwächterrunde: buchbar bei der Tourismuszentrale Stralsund, Alter Markt 9, 18439 Stralsund, Tel. 03831 252340, *stralsundtourismus.de*
- Audiotour „Jüdisches Leben und Wirken in Stralsund" mit elf Stationen: dazu einfach die izi.Travel App herunterladen.

Einkehr:

- Wulflamstuben: regionale Speisen und Snacks im ältesten noch erhaltenen Bürgerhaus der Stadt; Alter Markt 5, 18439 Stralsund, Tel. 03831 291533, *wulflamstuben.de*
- Kaffeehaus Fröhlich: gemütliches Café mit Flair; Apollonienmarkt 10, 18439 Stralsund, Tel. 03831 291662, *cafe-stralsund.de*
- Fischhandel und Räucherei Rasmus: Fischmanufaktur mit dem berühmten Stralsunder Bismarckhering, Promianlaufstelle, sehr gute Salate, Räucherfisch etc.; Heilgeiststraße 10, 18439 Stralsund, Tel. 03831 281538, *fischhandel-rasmus.de*

Einkehr:

- Scheelehof: einzigartiges 4-Sterne-Superior-Hotel, Komfort in einem mittelalterlichen Denkmal, nachhaltig geführt, Restaurant mit regionaler Küche, Kellerkneipe, Bio-Kaffeerösterei. Fährstraße 23-25, 18439 Stralsund, Tel. 03831 283300, *scheelehof.de*
- Pension Altstadtmönch: 300 Jahre altes Haus, von der Stralsunder Familie Herrmann selbst saniert und als Pension ausgebaut. Alles sehr süß und zentral! Mönchstraße 60, Tel. 03831 444671, *pension-altstadtmoench.de*

Website: *hansestadt-stralsund.de*

2 Der Stralsunder Hafen

TOR ZUR OSTSEE

Bereits im Mittelalter war Stralsund eine bekannte Hafenstadt. Ideal war die Nähe zum Meer, das man sowohl nördlich als auch östlich durch den Strelasund erreichte. 1278 gab es die erste Stralsunder Hafenordnung. Damals führten noch lange, hölzerne Stege ins Wasser. Dort legten die riesigen Hansekoggen an, verluden Fässer, Kisten und Säcke. In der Schwedenzeit wurde das gesamte Hafenbecken ausgebaggert und die Stadt mit mehreren Bastionen aufgerüstet. Den Festungsgraben verbreiterte man später zu Kanälen, welche die Altstadt noch heute von zwei Hafeninseln trennen. Zur DDR-Zeit war der Hafen für das gemeine Volk gesperrt.

Es gibt nichts Schöneres, als auf den Hafenterrassen zu sitzen und die Schiffe zu bestaunen. Doch der Stralsunder Hafen hat mit dem modernen OZEANEUM noch viel mehr zu bieten.

Umso schöner ist es heute entlang des Hansakais zu flanieren, frischen Fisch zu essen und einfach nur zu staunen. Toll saniert sind die mächtigen Backsteinspeicher und auch das Lotsenhaus. 1901 wurde es als Königliche Lotsenwache erbaut, heute ist es Sitz des Hafenamtes und der Seenotrettung. Schön sind die zahlreichen Restaurants und Cafés mit ihren Terrassen. Man sieht die Fähren, wie sie Richtung Hiddensee oder Altefähr schippern, oder

Gorch Fock I.

die prachtvollen Segelboote, die von der Nordmole starten.

Der mächtigste Segler aber, die Gorch Fock I, liegt direkt vor der Nase. Sie wurde 1933 in der Hamburger Werft Voss + Blohm gebaut und als Segelschulschiff Gorch Fock in Stralsund stationiert. Am 30. April 1945 von einem Sprengkommando versenkt, ordnete zwei Jahre später die sowjetische Militäradministration die Hebung der Bark an. Man taufte das Schiff „Towarischtsch" und konfiszierte den „Kameraden" als Reparationsleistung. Der neue Heimathafen war Cherson in der Ukraine. Von hier aus bereiste die „Towarischtsch" als Ausbildungsschiff die Weltmeere. Aber Ende der 1990er-Jahre saß das Schiff reparaturbedürftig in Wilhelmshaven fest. Schon lange war es der Wunsch der Stralsunder, diesen Segler heimzuholen, und so erwarb es schließlich der Verein Tall-Ship Friends Deutschland vom ukrainischen Bildungsministerium. Unter großer Anteilnahme erfolgte am 29. Oktober 2003 die Taufe auf den Namen „Gorch Fock I", weil es ja inzwischen eine „Gorch Fock II" gab. Die Bark sticht momentan nicht mehr in See, ist aber ein beliebtes Schiffsmuseum. Besucher können die Offiziersmesse und die Mannschaftsunterkünfte besichtigen oder eine „Knotenschule" buchen. Im Kapitänssalon ist ein Standesamt.

Gleich schräg gegenüber liegt wie ein gigantisches UFO das OZEANEUM auf der Hafeninsel. Es ist ein Museum der Superlative. Insgesamt sind es vier Gebäudeteile aus weißem Schiffsstahl, in der Mitte durch ein gläsernes Foyer verbunden. Hier erfährt man alles über das Leben von Nord- und Ostsee sowie des nördlichen Atlantiks. Mehr als 50 Aquarien sind zu bewundern. Es beginnt

Das OZEANEUM

mit der Unterwasserwelt des Hafenbeckens von Stralsund, geht weiter zu den Boddengewässern, vorbei an der Kreideküste bis zu den Schären Skandinaviens. Die größte heimische Fischart sind die Störe, die in einem riesigen Mündungsbecken gezeigt werden. Es folgen die Lebensräume der Nordsee, des Nordatlantiks und der Polarmeere. Der einzigen Felseninsel Deutschlands ist der sogenannten „Helgolandtunnel" gewidmet, ein ganz besonderes Erlebnis. Das größte Aquarium heißt „Offener Atlantik" und zeigt Schwarmfische, Ammenhaie und Rochen. Es fasst 2,6 Millionen Liter Wasser und hat ein 50 Quadratmeter großes Panoramafenster. Höhepunkt ist die große Wal-Ausstellung: „1:1 – Riesen der Meere". Sie zeigt nachgebildete Meeressäuger in Originalgröße. Alles ist multimedial aufbereitet und man hört sogar die Walgesänge. Ein neuer Bereich beschäftigt sich mit der „Erforschung und Nutzung der Meere", darunter sind Themen wie Überfischung oder Klimawandel. Lohnend ist auch ein Besuch der Publikumslieblinge auf der Dachterrasse: Hier leben niedliche Humboldt-Pinguine. Man kann sie auf und unter dem Wasser beobachten, außerdem gibt es noch einen schönen Blick auf die Altstadt dazu.

Hafen

Info

Lage: Der Hafen gehört zur Altstadt und liegt am östlichen Ende, direkt am Strelasund.

Aktivitäten:

- Gorch Fock I: Segelschulschiff, An der Fährbrücke, 18439 Stralsund, *gorchfock1.de*
- OZEANEUM: Hafenstraße 11, 18439 Stralsund, Tel. 03831 2650610, *ozeaneum.de*
- Weiße Flotte: Personenfähren Stralsund-Altefähr, Stralsund-Hiddensee, Hafentouren Stralsund; Fährstraße 16, 18439 Stralsund, Tel. 03831 26810, *weisse-flotte.de*

Einkehr:

- Fischermänns: Restaurant und Bar mit großer Sonnenterrasse am Wasser. Junge, moderne Küche, trotzdem ordentlich was auf dem Teller; An der Fährbrücke 3, Hafeninsel, 18439 Stralsund, Tel. 03831 292322, *fischermaenns-stralsund.de*
- Zur Fähre: seit 1332 winzige Hafenkneipe mit urigem Flair; Fährstraße 17, 18439 Stralsund, Tel. 03831 297196, *zurfaehre-kneipe.de*
- Dolden Mädel Stralsund: angesagtes Braugasthaus mit 15 Bieren vom Fass, leckeren Speisen wie Burger und regionalen Gerichten mit hochwertigen Zutaten; Am Fischmarkt 13A, 18439 Stralsund, Tel. 03831 35 00, *doldenmaedel.de*

Unterkünfte:

- Apart Hotel Hafenspeicher: logieren im ältesten Hafenspeicher, alle Zimmer mit Wasserblick, Restaurant Christas mit norddeutscher Küche; Am Querkanal 3a, 18439 Stralsund, Tel. 03831 703674, *hafenspeicher.com*
- Pension am Ozeaneum: kleine, freundliche Pension direkt an der Hafeninsel; Am Fischmarkt 2, 18439 Stralsund, Tel. 03831 66 68 31, *pension-ozeaneum.com*

3 Der Dänholm

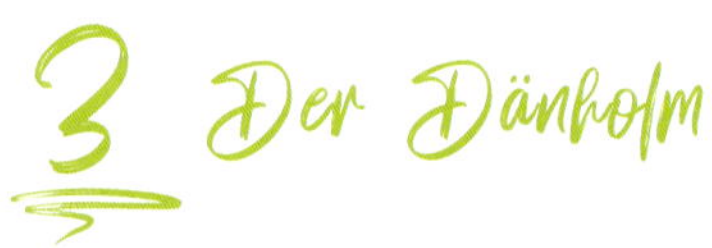

MARITIMER GEHEIMTIPP IM STRELASUND

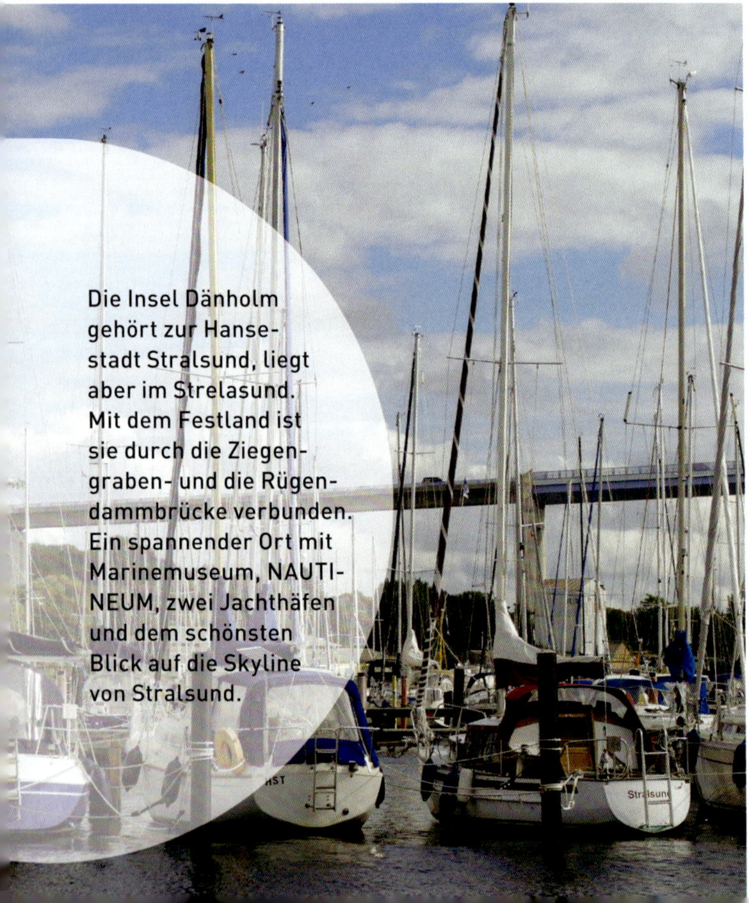

Die Insel Dänholm gehört zur Hansestadt Stralsund, liegt aber im Strelasund. Mit dem Festland ist sie durch die Ziegengraben- und die Rügendammbrücke verbunden. Ein spannender Ort mit Marinemuseum, NAUTINEUM, zwei Jachthäfen und dem schönsten Blick auf die Skyline von Stralsund.

An der Insel Dänholm, die man auch „den" Dänholm nennt, fahren die meisten Urlauber vorbei. Dabei gibt es dort doch einige spannende Dinge zu entdecken. Die Insel besteht aus dem Kleinen und dem Großen Dänholm, beide Teile sind durch eine Brücke verbunden. Nicht ganz klar ist, wo der Name herkommt. Die einen behaupten, hier ankerten einst die Dänen, die anderen vermuten, der Name beziehe sich auf eine große Seeschlacht mit der dänisch-schwedischen Flotte. Fest steht: Die erste Erwähnung im Stadtbuch der Hansestadt stammt vom 28. März 1288, als von der „insulam nostram dictam Deneholm" die Rede war. Bereits im Mittelalter war der Dänholm ein strategisch wichtiger Ort. 1362 und 1369 fanden im Strelasund Seeschlachten zwischen der Hanse und dem Dänenkönig Waldemar IV. statt. Schließlich wurde 1370 der Friede von Stralsund geschlossen.

Am Marinemuseum

Im 17. Jahrhundert gab es erneute Kämpfe um Stralsund, nun standen Dänemark und Preußen gegen die Schweden. Auch die kaiserlichen Truppen Wallensteins besetzen bei ihrer Belagerung 1628 den Dänholm, wurden jedoch von den Schweden zurückgeschlagen. Stralsund hatte mit seinen Bastionen eine der größten Verteidigungsanlagen Nordeuropas. Die Bedeutung des Dänholms wurde auch mit dem Bau einer Sternschanze unterstrichen, die zum Teil heute noch zu sehen ist. Die erste Schanze wurde jedoch 1808 von den Franzosen geschleift. Bei der Neuordnung Europas kamen Vorpommern und Rügen 1815 schließlich zu Preußen. Die Sternschanze baute man wieder aus, und der Dänholm wurde zur Wiege der Preußischen Marine. Mit der Errichtung des Rügendamms 1935/36 wurden Teile der Sternschanze zerstört. Zu sehen sind die Reste auf dem heutigen Gelände des Marinemuseums.

Der Dänholm blieb bis 1992 Militärstandort, erst von der NVA, dann von der Volksmarine der DDR und später von der Bundesmarine. Heute liegen auf dem Großen Dänholm das Wasser- und Schifffahrtsamt, die Bundespolizei und das Hauptzollamt sowie das Marinemuseum als Außenstandort des Stralsund Museums. Im Außenbereich sind Marinehubschrauber und ein Torpedoschnellboot zu sehen, in zwei ehemaligen Kasernen gibt es die Ausstellung „Kriegsschiffe unter Segeln“ und weitere Objekte der militärischen Seefahrt.

Der große Jachthafen

Der Dänholm hat zwei Jachthäfen, den großen, nördlich über dem Rügendamm, und den kleineren am Kleinen Dänholm. Hier befindet sich auch das NAUTINEUM, ein Außenstandort des Deutschen Meeresmuseums. Auf etwa 22.000 Quadratmetern werden zahlreiche Großexponate gezeigt wie ein 14 Meter langes Unterwasserlabor. Schon von Weitem fällt die außergewöhnliche Architektur der hölzernen Bootshalle auf, in der Zeesboote oder andere alte Fischerboote stehen. Sehr zu empfehlen sind auch die kleineren Sonderausstellungen zum Walfang, zur Hochseefischerei vor 1945 oder zu alten Tauchgeräten. Die ganze Anlage ist sehr spannend für Kinder, mit vielen Exponaten, die man sonst nicht überall findet. Vom Museum aus gibt es auch die beste Gelegenheit für Fotos von der neuen Rügenbrücke oder auf die Werft in Stralsund. Schlendert man zurück auf den Großen Dänholm, überquert man den Rügendamm, dann geht man den Liebitzweg hinunter zum großen Jachthafen. Hier wartet eine Überraschung: Nirgends hat man einen besseren Blick

NAUTINEUM

auf die Skyline von Stralsund mit Hafen und OZEANEUM. Hinter dem Jachthafen haben viele Stralsunder ihre Garagen, die schon mehrfach Kulisse der Fernsehserie „Stralsund“ mit Katharina Wackernagel alias Kriminalkommissarin Nina Petersen waren.

Café del Mar

Einen gemütlichen Abschluss der Tour garantiert Peters Café del Mar am Jachthafen, in relaxter Atmosphäre gibt es Cocktails, leckeres Essen und wunderschöne Sonnenuntergänge.

Info

Lage: Der Dänholm gehört zu Stralsund und liegt im Strelasund zwischen Festland und der Insel Rügen.

Aktivitäten:

- NAUTINEUM: sehr große Ausstellung, innen und außen, Großexponate zur Meeresforschung und Fischerei; Zum Kleinen Dänholm, 18439 Stralsund-Dänholm, Tel. 03831 2650355; *nautineum.de*
- Marinemuseum: Ausstellungen „Kriegsschiffe unter Segeln“, Außenbereich mit Originalobjekten aus der militärischen Seefahrt; Zur Sternschanze 7, 18439 Stralsund-Dänholm, Tel. 03831 253600, *stralsund-museum.de*

Einkehr:

- Peters – Café del Mar: drinnen und draußen, am Jachthafen, frisch zubereitete internationale und regionale Küche, Lounge, Bar, Grill; Liebitzweg 22, 18439 Stralsund-Dänholm, Tel. 0157 33302763, *facebook.com/PetersCafeDelMar*
- Clubrestaurant Yachthafen: einfacher, wechselnder Mittagstisch; Zum Kleinen Dänholm 21, 18439 Stralsund-Dänholm, Tel. 038321 790055, *ycstr.de*

4 Auf die Insel

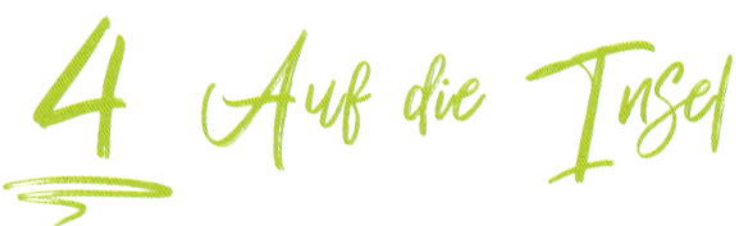

VON FÄHREN UND BRÜCKEN

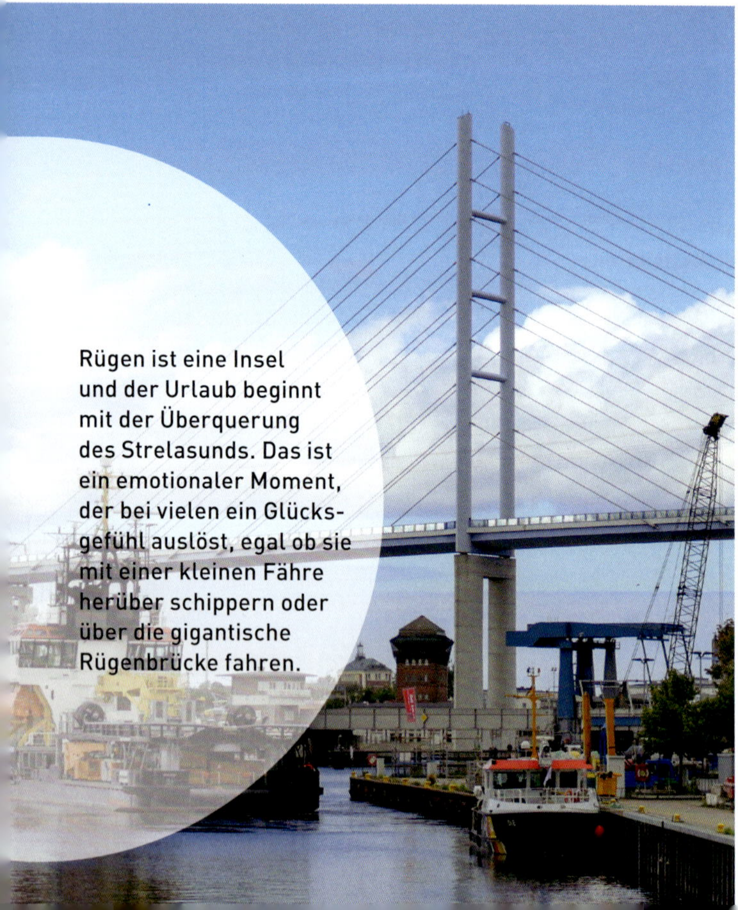

Rügen ist eine Insel und der Urlaub beginnt mit der Überquerung des Strelasunds. Das ist ein emotionaler Moment, der bei vielen ein Glücksgefühl auslöst, egal ob sie mit einer kleinen Fähre herüber schippern oder über die gigantische Rügenbrücke fahren.

Es ist ein Gefühl von Weite, ein Gefühl der Freiheit, schon wenn man den blauen Strelasund vor sich sieht. Die Insel fest im Blick, kommt mit der Überquerung, Schritt für Schritt, auch das Urlaubsgefühl. Die Vorfreude wird groß und größer! Dann erreicht man endlich die Insel.

Der Strelasund ist eine bis 16 Meter tiefe Meeresenge zwischen Stralsund und Altefähr, geformt von der letzten Eiszeit. Ein tiefes Tal, was sich später, ungefähr vor 7000 Jahren, mit Wasser füllte. Der Sund ist bis zu einem Kilometer breit und 25 Kilometer lang, erstreckt sich nördlich von der Prohner Wiek bis in den Süden zum Palmer Ort. Bei Seglern ist die Durchfahrt sehr beliebt. Zwischen dem Darß und der Insel Hiddensee geht es dann nördlich Richtung Dänemark, südlich kommt man über den Greifswalder Bodden nach Usedom oder ins Baltikum.

Die Überquerung zur Insel Rügen fand jahrhundertelang mit Booten statt. Vom Eiland kamen vor allem landwirtschaftliche Produkte wie Getreide, Rüben oder Fisch. Die umgekehrte Richtung nahmen dann ab Ende des 18. Jahrhunderts auch immer mehr Sommerfrischler. Zunächst ging es zum Bahnhof Stralsund, von dort mit der Droschke bis zum Hafen und dann mit der Fähre nach Altefähr. Die erste Eisenbahnfähre fuhr 1854, auf die ersten Trajekte passten nur drei Eisenbahnwaggons, später waren es bis zu acht. Mit der sogenannten „Königslinie" wurde 1909 die Schnellzugstrecke Berlin-Stockholm geschlossen. Aber erst 1937 gab es mit dem Rügendamm eine feste Straßen- und Eisenbahnverbindung. Noch heute führen die Bahnstrecke Stralsund-Sassnitz, ein Fuß- und Radweg sowie die L296 über den alten Rügendamm. Er ist zweigeteilt in Ziegelgraben- und Rügendammbrücke. Die riesige blaue

Fähre nach Altefähr

Der alte Rügendamm

Ziegengrabenbrücke sticht schon von Weitem ins Auge, auf 133 Metern verbindet sie Stralsund mit dem Dänholm. Die Klappbrücke öffnet sechs Mal am Tag für 20 Minuten, im Sommer zur Segelsaison auch bei Bedarf. Die geschlossene Durchfahrtshöhe beträgt sechs Meter. Danach kommt die Rügendammbrücke, eine feststehende 540 Meter lange Stahlkonstruktion, die den Dänholm mit der Insel Rügen verbindet. Ihre Durchfahrtshöhe beträgt acht Meter.

Klappbrücke und neue Rügenbrücke

Um den ständig wachsenden Urlauberverkehr zu entlasten, dachte man schon lange über ein parallelen Brückenneubau nach. Im Oktober 2007 war es dann soweit, nach einem Entwurf des Rostocker Architekten André Keipke und der Ingenieurgesellschaft Schüßler-Plan wurde die neue Rügenbrücke fertiggestellt. Aus ästhetischen Gründen hatte man sich für eine Schrägseilbrücke entschlossen, die einem Segelboot ähneln sollte. Von einem 127,75 Meter hohen Pylon führen schräg insgesamt 32 Stahlseile herab. Die Brücke wurde mit drei Fahrspuren, ausschließlich für den Kraftfahrzeugverkehr, ausgelegt, dieser erreicht inzwischen zu Spitzenzeiten bis zu 150.000 Fahrzeuge täglich, im Sommer geht es nur im Schneckentempo. Insgesamt ist die Querung 4100 Meter lang, der reine Brückenzug beträgt 2831 Meter.

Sehr viel entspannter schippert man über die Entlastungsstrecke mit der Autofähre von Stahlbrode nach Glewitz. Wer möchte, kann die Anfahrt mit einem Besuch von Greifswald, der Geburtsstadt

Caspar David Friedrichs, verbinden. Am Museumshafen vorbei, fährt man auf die B105 und dann auf die L30 nach Stahlbrode. Ein Geheimtipp für unterwegs ist das Restaurant „De Fischer un sin Fru" am Hafen von Gristow, hier kommt der Fisch direkt vom Kutter auf den Teller. Ist man nämlich erst mal auf der Insel, in Glewitz, quillt diese Gegend nicht gerade über vor gastronomischen Angeboten. Dafür ist die Fahrt durch den Süden sehr entspannt und idyllisch mit wunderschönen Alleen.

Autofähre von Stahlbrode nach Glewitz

Info

Lage: Die Brücken verbinden Rügen mit Stralsund. Die Fähre geht von Stahlbrode nach Glewitz.

Aktivitäten:

- Autofähre Stahlbrode-Glewitz: *weisse-flotte.de*
- Sundschwimmen: Einmal im Jahr, Anfang Juli, findet das Sundschwimmen von Altefähr nach Stralsund statt. An dem ältesten Langstreckenschwimmen Deutschlands nehmen bis zu 1000 internationale Schwimmer teil, die Strecke ist 2,3 Kilometer lang; *sundschwimmen.de*
- Rügenbrückenmarathon: Ende Oktober finde der Marathon mit einer Länge von 42 Kilometern statt, die von Stralsund über Altefähr, Rambin und wieder zurück führt. Weitere Läufe: 21 Kilometer, zehn oder sechs Kilometer sowie Nordic-Walking-Strecke; *ruegenmarathon.de*

Unterkunft:

- De Fischer un sin Fru: frischer Fisch direkt vom Kutter; Riemser Weg 39a, 17498 Gristow, Tel. 038351 323, *fischer-gristow.de*

5 Von Altefähr nach Rambin

ZWISCHEN FÄHRDORF UND INSELBRAUEREI

Gegenüber der Hansestadt Stralsund liegt Altefähr. Seit Jahrhunderten bringen Schiffe die Menschen vom Festland auf die Insel. Hier startet eine beschauliche Radtour durch Felder und Wiesen bis nach Rambin.

Diese kleine Radrunde beginnt mit einer Minikreuzfahrt. Vom Hafen Stralsund schippert die Fähre über den Strelasund nach Altefähr. Es bieten sich schöne Ausblicke auf die neue Rügenbrücke und die Skyline von Stralsund, doch schon nach 15 Minuten ist das Ziel erreicht. „Dat Dörp bij di ollen Fähr" wurde bereits 1240 erwähnt. Später machte man daraus Altefähr. Heute ist das Dörfchen die Badewanne der Stralsunder mit einem herrlichen Sandstrand, einigen Gaststätten und einer Fischräucherei. Für Aktivitäten sorgen eine Segel- und Surfschule sowie ein Klettergarten am Campingplatz. In der Mitte des Ortes thront die Kirche St. Nikolai aus dem 15. Jahrhundert, wo im Sommer Konzerte stattfinden. Beliebt sind auch die Abende in Altefähr, wenn tausend Lichter von der großen Stadt herüber leuchten.

Mit dem Rad geht es am Kurpark vorbei in nördlicher Richtung, immer direkt am Strelasund entlang. Ein sehr schöner naturbelassener Weg mit mehreren Sitzmöglichkeiten für eine Rast. Immer wieder kann man verträumt auf das Wasser schauen. Nach gut sechs Kilometern biegt der Weg rechts ins Landesinnere ab nach Bessin. Dort wartet ein architektonisches Kleinod auf die Radler: die Kapelle zum Heiligen Kreuz. Dieser winzige, achtseitige Backsteinbau wurde 1482 vom Stralsunder Bürgermeister Matthias Darne gestiftet. Innen ist ein barocker Kanzelaltar aus den Jahren 1742/43 zu besichtigen. Die Kirche hat im Sommer täglich geöffnet. Höhepunkt bildet das Erntedankfest, wenn hier viele Stralsunder und Rüganer zu einem großen Picknick zusammenkommen.

Kapelle in Bessin

Weiter führt ein Betonplattenweg etwa sechs Kilometer durch Felder und Wiesen über Breesen nach Rambin. Dabei erfährt man eindrücklich die Weite der Insel. Je nach Jahreszeit blühen Raps, Mohn oder Sonnenblumen in wunderschönen Farben.

Sonnenblumen bei Breesen

In Rambin überrascht eine Klosteranlage im Dornröschenschlaf, welche jedoch nie ein Kloster war. Vom Stralsunder Ratsherren Godecke von Wickede wurde 1334 das „Kloster St. Jürgens" als Hospital für Leprakranke gestiftet. Aus dieser Zeit ist nur noch eine kleine Kapelle erhalten, die man derzeit nicht besichtigen kann. Als die Lepra verschwand, wohnten auf dem Gelände vor allem sozial Schwache, Alte und Kranke. Nach einer großen Zerstörung im Dreißigjährigen Krieg

Kapelle Rambin

kamen mehrere Häuser dazu. So ein Langhaus, das 1730 an der Stirnseite mit einem Relief des Heiligen Georg vom Stralsunder Bildhauer Christoph Nathanael Frees verschönert wurde. Um 1840 erbaute der Stralsunder Stadtbaumeister Johann Michael Lübke das Jubiläumshaus, es zeigt eindeutig die Einflüsse von Karl Friedrich Schinkel. Anfang des 19. Jahrhunderts hieß die Anlage dann „Kloster vor Rambin zu Stralsund". Das gesamte Areal, zu dem auch ein kleiner Park, Gärten und Streuobstwiesen gehören, steht unter Denkmalschutz. Es wird vom Häuserverein „Leben ins Kloster Rambin e. V." betreut, der von einem Café, Klosterladen und Veranstaltungsort träumt. Derzeit wird ein Teil der Häuser weiter zu Wohnzwecken genutzt, der Rest verfällt leider zunehmend. Für Romantiker aber ist die Anlage ein lohnendes Fotoziel. Auf der anderen Straßenseite, in der Nähe des Bahnhofs, findet man ein kleines Heimatmuseum, wo es mehr zu erfahren gibt.

Souvenirs und Schlemmen

Bekannt ist Rambin aber vor allem durch die Pommernkate, ein Einkaufsparadies mit Rügenprodukten. Dort findet man die Rügener Inselbrauerei oder die Nudel-Werft. Für das leibliche Wohl sorgt eine Schlemmermeile mit Steinbackofen, Hofcafé und Biergarten. Der Bauernmarkt bietet alles vom Sanddornschnaps über Fischkonserven bis zum Sofakissen mit Rügenmotiv.

Die Pommernkate ist auch oft die letzte Gelegenheit, noch ein schönes Souvenir von der Insel Rügen mitzunehmen, bevor es wieder Richtung Heimat geht. Rambin hat sogar einen Bahnhof, und so können die Radler hier entscheiden, ob sie wieder zurück nach Stralsund fahren oder weiter auf die Insel radeln. Man kann die Tour natürlich auch andersherum machen, mit einem Frühstücksbüfett in Rambin starten, radeln, Strandbesuch in Altefähr und zurück schippern.

Lage: Altefähr liegt an der Südostküste von Rügen. Von Stralsund sind es etwa vier Kilometer über den Strelasund.

Aktivitäten:

- Radtour: durchgehend flache Strecke, Feld- und Plattenwege, offene Landschaft, wenig Häuser. Sonnencreme, Wasserflasche, Badesachen und Imbiss nicht vergessen, 12,5 Kilometer.
- Waldseilpark Rügen: acht unterschiedliche Kletterstrecken für Jung und Alt; Klingenberg 25, 18573 Altefähr, Tel. 038306 239758, *waldseilpark-ruegen.de*
- Förderverein Heimatmuseum Rambin, Bahnhofstraße 10, 18573 Rambin, Tel. 038306 1343 oder 6294, *heimatverein-rambin.jimdofree.com*

Einkehr:

- Alte Pommernkate: rügentypisch einkaufen und schlemmen, große Auswahl an schönen Geschenken. Täglich frischer Räucherfisch, Nudel-Werft, Insel Brauerei, Rügener Bauernmarkt & Hofcafé: Hauptstraße 2a, 18573 Rambin, Tel. 038306 62630, *altepommernkate.de*

Unterkunft:

- Hotel Sundblick: familiengeführtes, kleines Hotel direkt am Hafen mit Bootsverleih; Am Fährberg 8, 18573 Altefähr, Tel. 038306 7130, *hotelsundblick.de*

6 Altefähr–Garz–Putbus

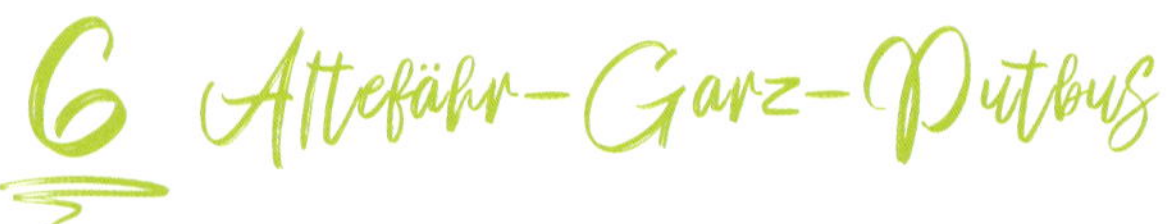

AUF DER ALTEN BAHNTRASSE

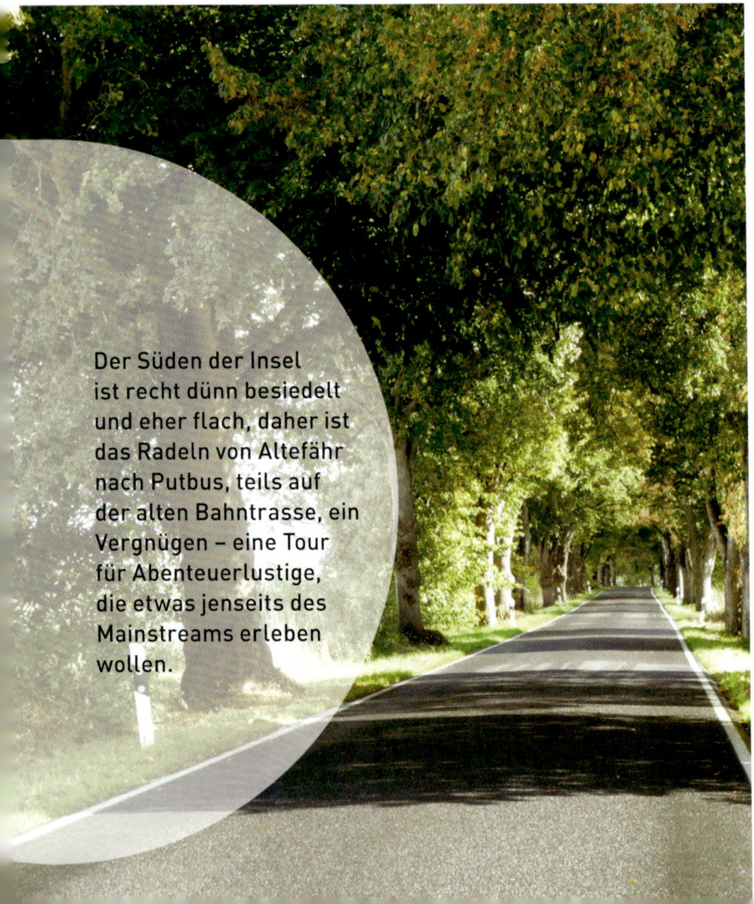

Der Süden der Insel ist recht dünn besiedelt und eher flach, daher ist das Radeln von Altefähr nach Putbus, teils auf der alten Bahntrasse, ein Vergnügen – eine Tour für Abenteuerlustige, die etwas jenseits des Mainstreams erleben wollen.

1895 gründete sich die Rügensche Kleinbahn-Aktiengesellschaft, schon ein Jahr später wurde die Strecke Altefähr-Putbus eingeweiht. Obwohl die Landschaft flach war, verlief die 35,3 Kilometer lange Strecke nicht auf dem kürzesten Weg, sondern machte einige Schlenker. Ziel war es die großen Gutshöfe anzubinden. Im Vordergrund stand der Gütertransport, vor allem von Zuckerrüben, Getreide und Vieh. Zum Teil kann man die 1967 stillgelegte Strecke heute mit dem Rad abfahren. Einige der Orte würde man sonst, im Vorbeifahren, nie zu Gesicht bekommen. Der gesamte Südwesten ist zwar noch stark von der Landwirtschaft geprägt, doch die meisten Guts- und Bauerngehöfte sind inzwischen als Ferienhäuser ausgebaut.

Die Tour beginnt am Bahnhof von Altefähr gleich mit einer Abkürzung. Direkt hinter den Gleisen wird rechts in einen Feldweg zum Grahlhof abgebogen. Dort gerade durchfahren, weiter zu einem Asphaltweg, der nach links führt. Der Weg heißt ebenfalls Grahlhof. Man überquert die Landstraße L29, die jetzt links von einem Radweg begleitet wird. Der nächste Weg führt nach Jarkvitz. Ehe man jedoch den Ort erreicht, kommt eine größere Weggabelung, dort nach rechts abbiegen. An der nächsten Kreuzung liegt eine Stallanlage, geradeaus geht es zum BioGut Saalkow. Die Betreiber züchten Pommernschafe und haben auch einen Hofladen. Die Radstrecke verläuft aber nicht daran vorbei, sondern vorher rechts Richtung Gustow. Hier steht eine recht hübsche gotische Pfarrkirche, die Innenausstattung ist zum Teil aus dem 15. Jahrhundert. Auf der Dorfstraße geht es ungefähr 500 Meter zurück über die L29 und dann südlich zum Hotel Gutshaus Kajahn. Kurz vor der Anlage fährt man links und dann wieder rechts auf einem schmalen Weg an der kleinen Dorfstelle Sissow vorbei, geradeaus weiter bis Venzvitz, dort abbiegen Richtung Poseritz, vorbei am Glutzow Hof und am Gutshaus Luppath. Spätestens hier begreift man, dass über Jahrhunderte die Landwirtschaft bestimmend war. Schön anzusehen sind manche der alten, sehr gepflegten Güter. Doch gerade in dieser Gegend ist noch nicht alles gestriegelt und geleckt, das hat auch seinen Reiz.

Poseritz

In Poseritz gibt es auf jeden Fall eine Stärkung, empfehlenswert ist die Molkerei Rügener Inselfrische mit einem beliebten Café, sie liegt am nördlichen Dorfrand. Die St. Marien Kirche Poseritz wurde schon Anfang des 14. Jahrhunderts auf Findlingen erbaut, später mehrfach umgestaltet. Auf der L29 geht es wieder aus dem Dorf heraus. Wenn die Straße links abbiegt, führt der Radweg geradeaus nach Neparmitz und weiter zum beschaulichen Puddeminer Hafen mit einem hübschen Hafenrestaurant.

Leckeres im Café der Molkerei

Der Radweg überquert nun die L30 nach Groß Schoritz, zum Geburtshaus von Ernst Moritz Arndt (1769 bis 1860), dem bedeutenden, aber auch streitbaren Historiker und Dichter. In zahlreichen Schriften setzte er sich gegen die Leibeigenschaft ein, lange bevor der Schwedische König 1806 die Aufhebung in Vorpommern erließ. In der Praxis wurde das Gesetz aber erst um 1815 Wirklichkeit, gegen den großen Widerstand der Gutsherren. Leidenschaft-

Geburtshaus von Ernst-Moritz Arndt

lich trat Arndt auch gegen die napoleonische Fremdherrschaft auf. Damals galt er als Patriot, musste sogar nach Schweden fliehen. Heute werden einige seiner Äußerungen als frankophob und antisemitisch bewertet. Sogar die Universität Greifswald legte 2018 seinen Namen ab. Sein Geburtshaus in Groß Schoritz ist heute Sitz der Ernst-Moritz-Arndt-Gesellschaft, ein beschauliches Anwesen aus dem Spätbarock.

Von Groß Schoritz geht es rechts ab nach Kremerskothen, dann links auf die L30. Ein Radweg begleitet die Straße bis Garz, einem der ältesten Orte auf der Insel. Gleich am Ortseingang kommt man links zu einem mächtigen slawischen Burgwall. Ob es sich dort um das sagenumwoben Charenza handelte, ist heute umstritten.

Die Radwege sind gut ausgeschildert.

Garz: Ernst-Moritz-Arndt-Museum

In der Nähe liegt das Ernst-Moritz-Arndt-Museum und östlich der L30 steht St. Petri, eine gotische Backsteinkirche von 1350, auf Findlingen erbaut. Der schnellste Weg nach Putbus führt jetzt über die L29, der schönste Weg allerdings geht an der Kirche vorbei auf der Wendorfer Straße zum Gut Rosengarten, ein ökologischer Gutsbetrieb mit Hofladen. Danach radelt man am Bodden entlang über Altkamp nach Neukamp, mit einem Abstecher zur Preußensäule, dann über Wreechen südlich am Schlosspark vorbei nach Putbus.

Kirche St. Petri in Garz

Lage: Garz liegt im Süden der Insel, 23 Kilometer von Altefähr entfernt. Nordöstlich sind es nochmal 13 Kilometer bis Putbus.

Aktivitäten:

- Radtour: Absolute Entdeckertour, leichte, überwiegend flache Strecke, mit Abstechern bis 45 Kilometer. Schöne Bademöglichkeit am Bodden bei Rosengarten (Surfhotspot) und Wreechen/Neukamp.
- Geburtshaus Ernst-Moritz Arndt: Der Park ist frei, das Wohnhaus nur bei Veranstaltungen zu besichtigen; Zur Schoritzer Wiek 68, 18574 Groß Schoritz, *ernst-moritz-arndt-gesellschaft.de*
- Ernst-Moritz-Arndt-Museum: wechselnde Ausstellungen zu Leben und Werk des streitbaren Schriftstellers und Publizisten; An den Anlagen 1, 18574 Garz, Tel. 038304 12212, *stadt-garz-ruegen.de/ema-museum*

Einkehr:

- Rügener Molkerei Inselfrische: Hofladen und Café. Hier gibt es viele leckere Milch-Joghurt-Quark-Variationen, selbst gebackene Torten und Herzhaftes; Poseritzer Hof 15, 18574 Poseritz, Tel. 038307 40429, *ruegener-inselfrische.de*
- Puddeminer Hafenrestaurant: das „Puddi" direkt am Naturhafen. Regionale Speisekarte vom Fischbrötchen bis Balsamicohähnchen; Puddemin, 18574 Poseritz, Tel. 038307 418001, *puddeminer-hafenrestaurant.de*
- Gut Rosengarten: Biolandbau, Hofladen, im Sommer „Café im Grünen", leckere Kuchen, frische Säfte; Rosengarten 9, 18574 Garz, Tel. 038304 828184, *gutrosengarten.de*

Unterkunft:

- Hotel-Pension Forsthaus Garz: idyllische Alleinlage am Waldsee, reichhaltiges Wald- und Wiesenfrühstück; Klein Stubben 1, 18574 Garz, Tel. 038307 40921, *ruegen-forsthaus.de*

7 Die Halbinsel Zudar

STILLER GEHEIMTIPP

Die 18 Quadratkilometer große Halbinsel Zudar ist durch die Autofähre das südliche Tor zur Insel Rügen. Ein ursprünglicher Landstrich, wo nur noch wenige Menschen leben. Der Palmer Ort ist der südlichste Zipfel von Rügen, im Norden grenzt die Halbinsel an das Naturschutzgebiet Schoritzer Wiek.

Strand in Glewitz

Wer gern Selbstversorger ist und die Stille liebt, der ist hier richtig. Die Halbinsel Zudar war traditionell ein Ort, wo Land- und Viehwirtschaft betrieben wurde. Geblieben sind einige Gutshäuser, Bauernkaten und Scheunen, die aber inzwischen fast durchweg zu Ferienwohnungen und -häusern ausgebaut wurden. Rund 200 Ferienhäuser gibt es derzeit auf Zudar, aber keine Geschäfte mehr, weder einen Konsum noch einen Bäcker. Die nächste Einkaufsmöglichkeit ist in Garz, lediglich ein mobiler Backshop dreht im Sommer noch seine Runden.

Wer hier Ferien macht, hat sich das bewusst ausgesucht. Er bezieht eines dieser kleinen, reetgedeckten Häuschen, innen modern mit Geschirrspüler und Espressomaschine, außen mit getrimmtem Rasen. Die Frühstücksbuffetfraktion hat hier nichts verloren, kommt aber trotzdem in Glewitz an und fährt schnurstracks weiter. Jedoch ein Stopp lohnt! Immerhin geht es durch eine traumhafte alte Lindenallee über Losentitz nach Zudar, dem Hauptort der Halbinsel. Hier steht die Wallfahrtskirche St. Laurentius, welche bereits 1318 das erste Mal erwähnt wurde. Zahlreiche Pilger kamen von weit her, um einem Marienbild zu huldigen. Wer zweimal im Jahr nach Zudar pilgerte, sollte von seinen Sünden rein gewaschen werden. Aber im Jahr 1372 ergab es sich, dass ein Schiff mit 90 Pilgern am Palmer Ort kenterte und versank. Von da an schwand auch der Heiligenschein dieser Kirche, das Marienbild gibt es auch nicht mehr, dafür aber eine schöne Orgel aus dem Jahre 1884.

Eigentlich war Zudar, 1166 das erste Mal erwähnt, ein Anglerdorf dicht an der Schoritzer Wiek. Die malerischen Lagune geht vom Rügensche Bodden ab. In der Mitte liegt die Vogelinsel Tollow, wo lange eine Kormorankolonie lebte. Durch ihre Hinterlassenschaften haben sie aber ihre eigene Lebensgrundlage zerstört, alle Nistbäume starben ab. Die Fischer kann das nur freuen. Sie sind nun die Einzigen, die sich mit den Seeadlern den Fischbestand an der Schoritzer Wiek teilen. Das ausgewiesene Naturschutzgebiet dürfen keine anderen Boote befahren. Zum Areal zählen auch Salzwiesen mit Strandflieder und -beifuß, ideal für Bodenbrüter. Wer die zahlreichen Zug- und Wasservögel beobachten will, findet kurz hinter dem Gut Zicker auf der linken Seite einen Vogelbeobachtungsturm.

Auf dieser Straße geht es weiter zum Naturcamping Rügen-Pritzwald. Unter Kiefern, direkt am Bodden, liegt diese schöne Oase mit einem 700 Meter langen Naturstrand, wegen des flachen Ufers ideal für Kleinkinder. Der sieben Hektar große Platz hat sich noch etwas von der positiven DDR-Nostalgie bewahrt, die hier vor allem drei Buchstaben hat: FKK. Es geht unaufgeregt, ruhig, aber gesittet zu. Der kleine Kiosk auf dem Campingplatz ist für Ausflügler auf Zudar die einzige Möglichkeit zur Stärkung.

Ein ungefähr sechs Kilometer langer, urwüchsiger Küstenstreifen führt vom Campingplatz bis zum Palmer Ort, dem südlichsten Zipfel von Rügen. Hier drückt der Wind vom Bodden zum Teil kräftig herein, in kalten Wintern türmen sich die Eisschollen. Kein Wunder, dass man zahlreiche Steine, Hühnergötter (Steine mit Löchern) oder sogar Donnerkeile findet. Das Gelbe Ufer, ungefähr in der Mitte zwischen Campingplatz und Palmer Ort ist eine Hochuferzone, wo Schwalben ihre Höhlen bauen – ein unglaublich schönes Fleckchen Erde, weit weg von der Zivilisation. Oben, auf dem Hochufer, gibt es einen weiten Blick über den Bodden, bei gutem Wetter sogar bis Swinemünde. Wer nicht den ganzen Weg am Strand zurücklegen will, fährt mit dem Auto nach Grabow, dort geht es gleich an den Badestrand. Ab dort sind es ungefähr noch 1,5 Kilometer bis an die direkte Südspitze. Es ist gleichzeitig die Einfahrt zum Strelasund und man kann dort einige interessante Schiffe beobachten. Vom Palmer Ort geht es weiter am Strand entlang. Schöner kann man kaum baden, schneeweißer

Sand, Ruhe, nur noch Wellenrauschen und Lerchengezwitscher. Nicht mehr weit ist es bis zum zwölf Meter hohen Leuchtturm von Maltzien, ein hübsches Fotomotiv. Danach heißt es Abschied nehmen von Zudar. Von Maltzien geht es wieder nach Losentitz an die L30. Traumhaft schön ist die Halbinsel auch im Frühjahr, wenn der Raps blüht, dazu das Blau des Meeres.

Leuchtturm Maltzien

Lage: Die Halbinsel Zudar liegt im Süden von Rügen. Von Stahlbrode auf dem Festland gibt es eine Fährverbindung nach Glewitz.

Einkehr:

- Il Rustico: kleine Karte, aber leckere Gerichte; Losentitz 14, 18574 Garz, Tel. 0175 8744025

Unterkünfte:

- Landhaus Maltzien: liebevoll saniertes Bauerngehöft mit fünf Ferienwohnungen bei Ellen & Frank Heltzel-Jurisch; Maltzien 29, 18574 Garz, Tel. 0179 5029895, *landhaus-ferienwohnungen-ruegen.de*
- Hotel Gutshaus Kajahn: familiengeführtes, einfaches Hotel im denkmalgeschützen Gutshaus, Reiturlaub, Wildprodukte, naturnahe Erholung, Radverleih; Prosnitz 1, 18574 Gustow, Tel. 038307 40150, *hotel-gutshaus-kajahn.de*
- Naturcamping Rügen: schöner Naturcampingplatz auf der Halbinsel Zudar, direkt am Bodden, kleiner Imbiss; Zicker 19, 18574 Garz, *www.naturcamping-ruegen-pritzwald.de*

Websites:

- *ruegen.de*
- *stadt-garz-ruegen.de*

Zentralrügen

Altes Fischerhaus in Neuenkirchen

Zentralrügen

8. Bergen auf Rügen: kleiner Stadtspaziergang
9. Der Rugard: Ranen und Rodeln
10. Rund um den Nonnensee: Spaziergang bei Bergen
11. Um den Tetzitzer See: zwischen Bodden, Künstlern und Kühen
12. Störtebeker Festspiele in Ralswiek: Ritter, Schwerter und Piraten
13. Die Planstadt Putbus: Villen und Rosen
14. Lauterbach: das erste Seebad auf Rügen

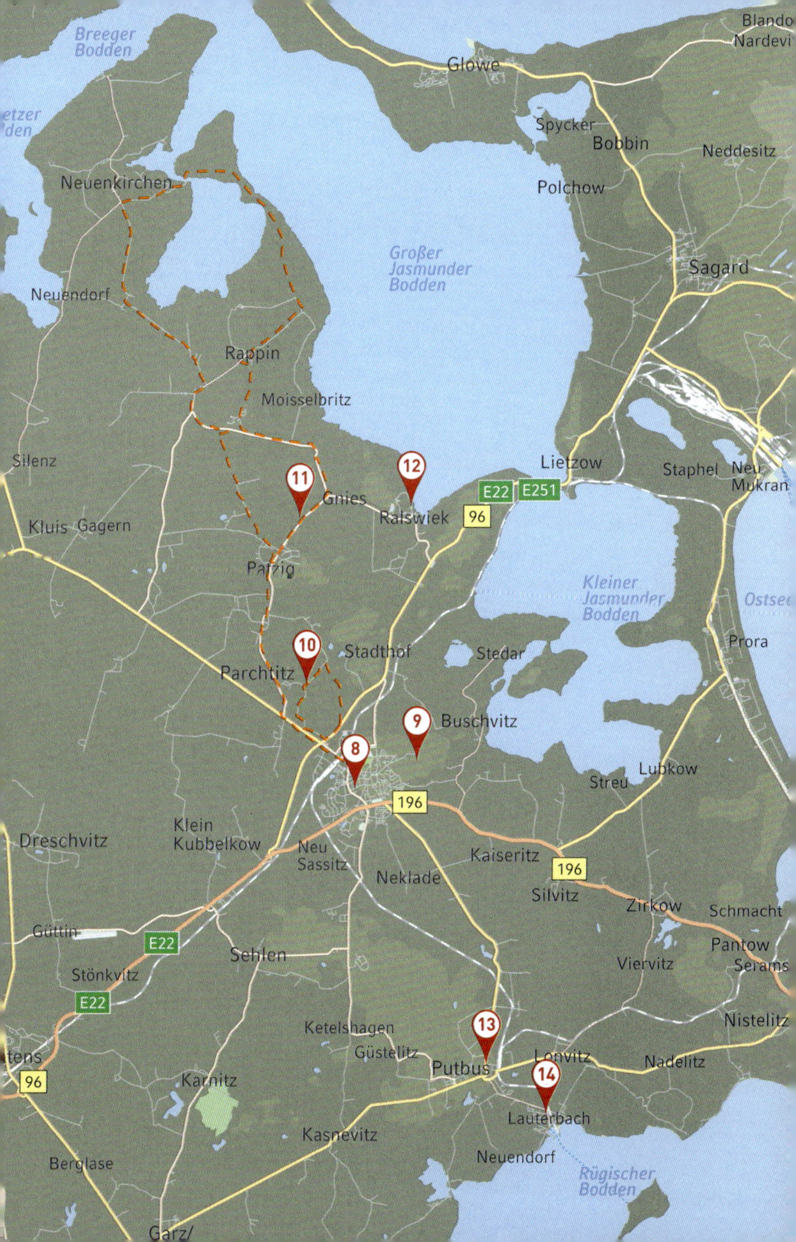

Breeger Bodden
Blando
Nardevi
Glowe
Spycker
Bobbin
Neddesitz
Neuenkirchen
Polchow
Großer Jasmunder Bodden
Sagard
Neuendorf
Rappin
Moisselbritz
Silenz
Lietzow
Staphel
Neu Mukran
11
12
Gnies
E22
E251
Ralswiek
96
Kluis
Gagern
Patzig
Kleiner Jasmunder Bodden
Ostsee
Prora
10
Stadthof
Stedar
Parchtitz
9
Buschvitz
8
Lubkow
Streu
196
Klein Kubbelkow
Dreschvitz
Neu Sassitz
Kaiseritz
Neklade
196
Silvitz
Zirkow
Schmacht
Güttin
E22
Sehlen
Pantow
Viervitz
Serams
Stönkvitz
E22
Ketelshagen
13
Nistelitz
Güstelitz
Lonvitz
Nadelitz
Putbus
14
96
Karnitz
Lauterbach
Kasnevitz
Neuendorf
Berglase
Rügischer Bodden
Garz/

KLEINER STADTSPAZIERGANG

Bergen liegt im Muttland, dem Kerngebiet von Rügen. Es ist die größte Stadt der Insel und schmuck saniert mit schönen Fachwerkhäusern. Lohnenswert sind ein Besuch der St. Marienkirche, der Klosteranlage mit dem Stadtmuseum sowie ein Einkaufsbummel. Zahlreiche Geschäfte, sportliche Aktivitäten und eine schöne Umgebung locken die Besucher.

Schon wenn man von Stralsund über die Fernstraße kommt, sieht man Bergen auf dem Hügel. Eine gemütliche Kleinstadt im Herzen von Rügen, die jedoch mit rund 13.000 Einwohnern nicht nur Inselhauptstadt ist, sondern auch der größte Verwaltungs-, Gesundheits- und Schulstandort. Die kleinen Straßen haben oft noch Kopfsteinpflaster und beträchtliche Steigungen, sogar der große Marktplatz fällt steil ab. Viel Geld wurde in die Sanierung und in den Dienstleistungssektor gesteckt.

Marktplatz

Ein Bummel durch die Altstadt lohnt, immerhin gibt es derzeit mehr als 60 individuell geführte Geschäfte. Im Mittelpunkt steht der alte Markt, der zugegebenermaßen autofrei noch einen besseren Eindruck machen würde. Ringsum gruppieren sich ein paar sehr hübsche Fachwerkbauten, gemütliche Restaurants und Cafés. Hier steht auch das ehemalige kaiserliche Postamt, ein roter Backsteinbau aus der Gründerzeit, und das klassizistische Rathaus. Ein besonderer Blickfang ist das Benedixhaus, benannt nach der traditionellen Bäckerfamilie Benedix. Das wunderschön sanierte Fachwerkhaus beherbergt heute die Touristeninformation und trägt eine Inschrift mit der Jahreszahl 1538. Hinter dem Benedixhaus führt ein schmaler Gang zu einer eindrucksvollen Klosteranlage und der St. Marienkirche, einer dreischiffigen Basilika. Sie zählt zu den bedeutendsten Sakralbauten im norddeutschen Raum und ist der älteste noch erhaltene Backsteinbau in Mecklenburg-Vorpommern. Besonders schön sind die mittelalterlichen Wandmalereien, Fresken aus dem 12. Jahrhundert. Schon um 1180 wurde das Querschiff errichtet.

Benedixhaus

Der slawische Ranenfürst Jaromar I. war in dieser Zeit bereits zum Christentum übergetreten. Trotz der dänischen Lehensherrschaft behielt er eine gewisse Unabhängigkeit. Als er aber begann sich in Bergen eine Pfalz zu errichten, erregte das Missfallen. So stiftete er die Gebäude einem Nonnenkloster. An der Westfassade der Kirche steht ein Bildstein, das Relief eines bärtigen Mannes. Man vermutet, dass es den Ranengott Svantevit darstellen soll. Vermutlich handelt es sich um einen Grabstein, vielleicht sogar um den des Fürsten Jaromar I., der in Bergen begraben wurde. Die ersten Bewohnerinnen des Klosters waren Zisterziensernonnen aus dem dänischen Bistum Roskilde. Nach der Reformation wandelte man das Nonnenkloster in einen Frauenstift um. Heute beherbergt die beschauliche Anlage das Stadtmuseum und die Fischkopp Keramikmanufaktur, die eines der beliebtesten Souvenirs herstellt, den blau-weißen Rügenfisch. Das Stadtmuseum zeigt Ausstellungen zur Ur- und Frühgeschichte von der Steinzeit bis zu den Slawen sowie zur Stadtgeschichte.

Der gesamte Klosterhof ist ein schöner Ort zum Verweilen. Im Sommer findet hier jeden Montag der Rugard Markt statt, wo Regionales, Brauspezialitäten sowie Kitsch und Trödel angeboten werden. Etwas weiter südlich an der Billrothstraße 17 liegt das Billrothhaus. Christian Albert Theodor Billroth war einer der bedeutendsten Chirurgen des 19. Jahrhunderts. Er wurde 1829 in Bergen geboren, studierte in Greifswald, Göttingen und Berlin. Billroth gilt als Begründer der modernen Bauchchirurgie, erbrachte außerdem wichtige Forschungsleistungen zur Bakteriologie. Sein Geburtshaus wurde von der Deutschen Gesellschaft für Chirurgie erworben und saniert. Im

Stadtmuseum im Klosterhof

Innern befinden sich Seminarräume, die auch für kulturelle Veranstaltungen genutzt werden.

Bergen hat in der Umgebung mehrere Naherholungsgebiete wie die Wälder des Rugard und des Raddas sowie den nahe gelegenen Nonnensee.

Info

Lage: Bergen liegt im Zentrum von Rügen, etwa 26 Kilometer nordöstlich von Altefähr.

Aktivitäten:

- Stadtmuseum Bergen: Billrothstraße 20a, 18528 Bergen, Tel. 03838 252226, *stadtmuseum-bergen-auf-ruegen.de*
- Fischkopp Keramik: Hier gibt es den lachenden Rügenfisch, wunderschöne Keramik, Schmuck, Raumkunst; auf dem Klosterhof, Billrothstraße 20C, 18528 Bergen, *fischkopp-keramik.de*
- Stadtinformation Bergen: Wander- und Radkarten, Tickets, Postkarten, empfohlen wird ein historischer Stadtrundgang mit einem Stadtführer; Markt 23, 18528 Bergen, Tel. 03838 3152838, *stadtinfo-bergen-ruegen.de*

Einkehr:

- Bibo Ergo Sum – Gastwirtschaft am Markt: regionale, frische Küche, täglich wechselnder Mittagstisch; Markt 14, 18528 Bergen, Tel. 03838 252259, *biboergosum.de*

Unterkünfte:

- Parkhotel Rügen: großes 4-Sterne-Hotel mit schöner Sonnenterrasse, Wellness, Restaurant Orchidee, Bar Störtebeker; Stralsunder Chaussee 1, 18528 Bergen, Tel. 03838 8150, *parkhotel-ruegen.de*
- Märchenhotel Bergen: direkt am Markt, liebevoll saniertes Fachwerkhaus, unten Willy´s Steakhaus; Markt 28, 18528 Bergen, Tel. 03838 2010669, *maerchenhotel-ruegen.de*

9 Der Rugard

RANEN UND RODELN

Der Rugard ist ein bewaldeter Hügel in Bergen, auf dem sich im frühen Mittelalter das älteste Stammeszentrum der Ranen befand. Heute ist der Rugard ein beliebtes Ausflugsziel zum entspannten Wandern, mit dem Ernst-Moritz-Arndt-Turm und der Rugard-Erlebniswelt.

Sommerrodelbahn

Kaum eine andere Region kann so viele Burgwälle, Großstein- und Hügelgräber verzeichnen wie Rügen. Die Spuren der Frühgeschichte und der Slawenzeit sind in der Landschaft allgegenwärtig. In Bergen, auf dem Rugard, befand sich das älteste Stammeszentrum der Rügenslawen, der Ranen. Der Rugard ist mit 91 Metern der dritthöchste Berg auf Rügen, nach dem Piekberg in der Stubnitz mit 161 Metern und dem Tempelberg in der Granitz mit 107 Metern. Im 8. Jahrhundert stand auf dem Rugard zunächst eine Fluchtburg, ab dem 10. Jahrhundert befand sich dort dann eine ständig bewohnte Fürstenburg, die im 11. Jahrhundert niederbrannte; ein Jahrhundert später wurde sie wieder aufgebaut. Den mächtigen Slawenfürsten gehörten nicht nur die Insel Rügen, sondern auch große Teile des Festlandes bis nach Barth und Greifswald. 1325 starb der letzte Ranenfürst Wizlaw III. und mit ihm auch die Burg, die danach zusehends verfiel. Noch bis 1404 soll eine ranisch sprechende Frau auf Jasmund gelebt haben.

Im Mittelalter war der Hügel unbewaldet, auch damit die Burgherren sehen konnten, von wo der Feind nahte. Im 17. Jahrhundert stand eine Mühle auf dem Berg. Auf einem Gemälde von Karl Friedrich Schinkel aus dem Jahr 1821 ist ein gänzlich kahler Hügel zu sehen. Eine Aufforstung gab es erst ab 1830, als Fürst Wilhelm Malte I. von Putbus das Gelände erwarb und einen Mischwald pflanzen ließ. Aus ökonomischen Gründen waren es teilweise gebiets- und standortfremde Pflanzen, was heute noch den besonderen Reiz in der Landschaft ausmacht. Auf gut 2,5 Kilome-

Der Ernst-Moritz-Arndt-Turm

tern führt ein Naturlehrpfad durch den Rugard mit vielen Schautafeln zur Tier- und Pflanzenwelt. Der Weg ist nur bedingt barrierefrei, da es zum Teil Steigungen von bis zu 15 Prozent gibt.

Vom Marktplatz kommend, geht man über die Vieschstraße zum Rugardweg bergan. Auf dem Hügel sieht man noch deutlich, wie die Wälle der Burg einmal angelegt waren. Rechts geht es zum 27 Meter hohen Ernst-Moritz-Arndt-Turm, er ist das Wahrzeichen der Stadt Bergen und wurde von 1869 bis 1876 errichtet. Es sollte ein Denkmal zum 100. Geburtstag des Dichters und Reformers Ernst Moritz Arndt sein. Deutschlandweit wurde für den Bau zu Spenden aufgerufen und sogar Kaiser Wilhelm I. tat 3000 Mark dazu. Den Entwurf fertigte der Königliche Regierungsbauführer Hermann Eggert aus Berlin. Die Kuppel wurde mehrfach abgerissen und erneuert, im Krieg sogar als Flakstellung genutzt. 2002 erfolgte eine komplette Sanierung des Turms. Die Bäume waren inzwischen so hoch gewachsen, dass man die Aussichtsplattform erhöhen musste und eine gläserne Kuppel obendrauf setzte.

Auf dem Rugard liegt auch die Erlebniswelt Rugard mit Gokartbahn, Minigolf, Riesenrutsche, Kletterwald und der beliebten Sommerrodelbahn. Sie ist 700 Meter lang mit sieben Steilkurven. Bei der schnellen Abfahrt überwindet man 27 Höhenmeter. Unterwegs wird jeder geblitzt, eine elektronische Fotoanlage misst dabei die Geschwindigkeit. Am Ausgang kann man sich dann ein Fotoandenken mit nach Hause nehmen. Direkt daneben gibt es einen riesigen Rutschenturm mit drei Rutschen der Superlative. Ein Mini-Imbiss und ein Bratwurststand sorgen für das leibliche Wohl.

Schöne Allee zum Rugard

Lage: Vom Stadtzentrum in Bergen liegt der Ernst-Moritz-Arndt-Turm etwa einen Kilometer in nordöstlicher Richtung und ist zu Fuß in wenigen Minuten zu erreichen.

Aktivitäten:

- Ernst-Moritz-Arndt-Turm: Aussichtsturm und Gedenkstätte; 18528 Bergen, Tel. 03838 8110, *stadt-bergen-auf-ruegen.de/Stadtleben/Bergen-erleben/Sehenswürdigkeiten/Ernst-Moritz-Arndt-Turm*
- Erlebniswelt Rugard: Spaß für die ganze Familie mit Kletterwald, Riesenrutschen, Minigolf, Sommerrodelbahn, Gokarts; Rugardweg 7-9, 18528 Bergen, *erlebniswelt-rugard.de*

Einkehr und Unterkunft:

- Hotel und Gaststätte „Am Rugard": mitten im Naturschutzgebiet, direkt am Turm, ruhig gelegen. Modernes 3-Sterne-Hotel mit Restaurant Rugard mit frischer, regionaler Küche; Rugardweg 10, 18528 Bergen, Tel. 03838 20190, *rugard.de*

10 Rund um den Nonnensee

SPAZIERGANG BEI BERGEN

Der fünf Kilometer lange Wanderweg rund um den Nonnensee gehört zu den beliebtesten Ausflugszielen der Inselhauptstädter. Der See ist rund 75 Hektar groß mit einer Tiefe von eineinhalb Metern. In dieser Form existiert er erst rund 20 Jahre, ist aber schnell zu einem wertvollen Biotop geworden.

Wer einen Hund hat, Ornithologe ist oder sich schnell mal den Kopf frei pusten will, der läuft um den Nonnensee, nordwestlich von Bergen. Der See ist umgeben von Wald und Wiesen, gehört aber noch zum Stadtgebiet. Entstanden ist er in der letzten Eiszeit, vor rund 10.000 Jahren, als Schmelzwassersee.

Der Sage nach soll der Name von einem Nonnenkloster kommen, das einst auf dem Areal des Sees stand. Die Nonnen waren im Übermaß reich und verschwenderisch. Ihre Gerätschaften waren aus purem Gold, und im Sommer fuhren sie Schlitten auf riesigen Salzbergen. Diese Prunksucht besiegelte schließlich ihren Untergang. Das Kloster soll innerhalb einer Nacht versunken sein und keine der Nonnen wurde je wieder gesehen. Zu Pfingsten aber klagen sie noch vom Grund des Sees herauf.

Vogelparadies

Der ist freilich nicht mehr sehr tief, wohl etwas mehr als 1,50 Meter derzeit. Schon Anfang des 19. Jahrhunderts wollte man den See entwässern und ihn dann als Weidefläche nutzen. Das gelang zunächst nur bedingt, aber der See senkte sich auf 2,50 Meter ab. Dazu errichtete man 1859 eine Holländerwindmühle mit einem Schöpfwerk, welches das Wasser in die nahe gelegene Duwenbeek pumpte. Die Duwenbeek ist kaum mehr als ein Bach, aber das größte Fließgewässer von Rügen. Es führt von Bergen rund 20 Kilometer bis zum Koselower See und damit in die Ostsee. 1914 ersetzte man die Windmühle durch ein Windrad, 1967 wurde daraus ein elektrisches Schöpfwerk, welches dann tatsächlich große Flächen trockenlegte. Als dieses Schöpfwerk in einem harten Winter 1993/94 ausfiel, lief der See aber recht schnell wieder voll.

Aussichtsturm am See

Man entschloss sich daraufhin zu einer aufwendigen Renaturierung. In einer beispielhaften Aktion wurde ein fünf Kilometer langer Naturlehrpfad als Rad- und Wanderweg rund um den See angelegt, 136 Bäume sowie Solitärbäume wurden gepflanzt, beschauliche Streuobstwiesen angelegt sowie sage und schreibe 11.671 blüten- und fruchttragende Sträucher gesetzt. Das Gebiet wurde in das Landschaftsschutzgebiet Nordrügensche Bodden und Nonnensee integriert. Nach sehr kurzer Zeit wurde der See ein bedeutender Brut- und Rastplatz für Wasservögel. Insgesamt konnten schon mehr als 80 wassergebundene Arten, davon 25 Brutvogelarten nachgewiesen werden. Kraniche, Nonnen- und Graugänse legen hier eine Rast ein. Am Nordufer entstand eine Kormorankolonie mit inzwischen rund 780 Paaren. Da ist es nur natürlich, dass auch ein Seeadler nicht lange auf sich warten ließ. Hier findet der majestätische Vogel einen reich gedeckten Tisch: vor allem Lachmöwen, Enten und Blesshühner.

Sowohl am Ost- als auch am Westufer gibt es Beobachtungstürme. Der NABU führt am Nonnensee regelmäßig Exkursionen durch. Es bietet sich auch eine schöne Radtour an, von Bergen am östlichen Rand des Nonnensees vorbei über Patzig und Jarnitz bis nach Ralswiek. Sehr ruhig und idyllisch geht es hier durch Wiesen und Felder. Hinter Ralswiek führt der Radweg weiter über die Schwarzen Berge nach Lietzow, dort befindet sich eines der größten Hügelgräberfelder von Rügen mit über 400 Grabanlagen aus der Slawenzeit, ein Gräberfeld von 400 mal 700 Metern. Einige archäologische Funde aus dem Gräberfeld belegen einen weitreichenden Handel mit Nordeuropa und dem Orient. Ralswiek war damals einer der größten Orte der Insel.

Weg zum Nonnensee

Info

Lage: Der Nonnensee liegt etwa drei Kilometer nördlich von Bergen.

Aktivitäten:

- Rundwanderweg: fünf Kilometer, auch mit dem Rad gut zu befahren, mit zwei Vogelbeobachtungstürmen. Es gibt auf der Strecke keine Einkehrmöglichkeiten, erst wieder in der Stadt Bergen oder kurz vor Ralswiek.

Unterkünfte:

- Hotel-Pension Klaus Störtebeker: ruhig gelegen, schöne Zimmer, Wellness- und Fitnessbereich mit Schwimmbad; Jarnitz 11, 18528 Ralswiek-Jarnitz, Tel. 03838 80970, *pension-stoertebeker.de*
- Pension zum Schlossgarten: nette, kleine Pension mit Restaurant und Bowlingbahn; Parkstraße 4, 18528 Ralswiek, Tel. 03838 4040020, *zum-schlossgarten.de*

11 Um den Tetzitzer See

ZWISCHEN BODDEN, KÜNSTLERN UND KÜHEN

Diese Tour ist etwas für Entdecker, für Radler, die das Ländliche lieben und auch ein bisschen Ausdauer mitbringen. Nicht jeder Weg ist hier asphaltiert und gut ausgeschildert. Es gibt immer mehrere Wege zum Ziel, aber ankommen tut man immer. Los geht es in Bergen am Bahnhof, dann über die Gingster Chaussee heraus aus der Stadt, an der großen Ampelkreuzung geradeaus Richtung Gingst/Trent. Keine Angst, schon bald kann man rechts abbiegen Richtung Pachtitz und dann weiter nach Thesenvitz.

Wege übers Land! Durch das Herz von Rügen führt diese schöne Radrunde um den Tetzitzer See, zwischen Wiesen, Feldern und Sümpfen hindurch. Viele Künstler leben hier jenseits des Trubels, still und ländlich.

Titz und Vitz sind hier ganz häufige Nachsilben in den Ortsnamen. Entstanden sind sie in der Slawenzeit, wo es zahlreiche Einzelgehöfte gab. Man benannte den Ort nach dem Patron und hängte einen Suffix dran. Pachtitz war also der Ort, wo der Pach mit seinen Leuten wohnte.

Der nächste Ort ist Thesenvitz, wo die Malerin Kathrin Thesenvitz, eine waschechte Rüganerin, wohnt. Bei einem Besuch im „Kleinen Atelier“ kann man ihre wunderschönen Landschaftsbilder bewundern und natürlich auch erwerben. Weiter führt die Tour

Die Malerin Kathrin Thesenvitz

nach Patzig, über eine Treppe geht es hoch zur St.-Margarethen-Kirche aus dem 15. Jahrhundert. Innen steht das älteste Taufbecken von Rügen aus dem Jahr 1250. Etwa einen Kilometer westlich von Patzig liegen die Woorker Berge. Hier erstreckt sich eines der größten Hügelgräberfelder Norddeutschlands. Die 13 bis zu sechs Meter hohen Hügelgräber stammen aus der Bronzezeit, sind bis zu 1000 Jahre alt. Sie gehören zu den beeindruckendsten der insgesamt 560 denkmalgeschützten Hügelgräber auf Rügen. Die Slawen bestatteten ihre Toten oft in ausgehöhlten Eichen, legten diese auf Steinplatten und schaufelten dann Erde darüber; inzwischen sind die Hügel bewaldet. An den Bergen vorbei geht es rechts weiter nach Tribbevitz, dort rechts vor dem Gutshaus abbiegen und nach links bis Neuenkirchen fahren. An einem Hofladen für Wild und Rind geht es geradeaus weiter ins Dorf, wo beeindruckend alte Bauernkaten mit Schilfdächern zu sehen sind. Die Dorfstraße macht schließlich einen Bogen nach links, dort gibt es einen Wegweiser zum Johann-Jacob-Grümke-Aussichtsturm. Dieser Abstecher

Patzig

lohnt! Der zwölf Meter hohe Stahlturm auf dem Hoch Hilgor wurde 2020 neu errichtet. Oben steht man dann 50 Meter über dem Meeresspiegel. Benannt wurde der Turm nach dem 1771 in Bergen geborenen „Vater der Rügener Heimatforschung". Seine ersten Reiseberichte schrieb er nicht nur für Touristen, sondern auch für Einheimische. Seine zahlreichen Aquarelle sind heute noch Grundlage der Geschichtsforschung.

Nun fährt man nach Neuenkirchen zurück, diesmal den Berg hoch zur Maria-Magdalena-Kirche, einer gotischen Backsteinkirche auf einem Feldsteinsockel, welche in der jetzigen Form zwischen 1380 und 1450 entstand. Vorbei geht es bis nach Laase, einem kleinen verwunschen Gehöft, wo schon das Naturschutzgebiet Tetzitzer See mit Halbinsel Liddow und Banzelvitzer Berge beginnt. Es ist rund 1088 Hektar groß mit Misch- und Hutewald, Brackwasserröhricht und Salzwiesen. Ein Rastplatz vieler Zugvögel – besonders Gänse, Enten und Kraniche fühlen sich hier wohl. Auf den Wiesen sieht man die gemütlichen Kühe, die einen nun vollends überzeugen, dass hier niemand mehr stört.

Im Hafen

In Laase macht die Straße einen Schlenker, erst nach rechts, dann biegt man links am Wegweiser Rappin ab. Eine breite Holzbrücke führt über den Liddower Strom zur Halbinsel Liddow. Einige Segelboote sind hier vertäut und auch Angler gibt es. Südlich liegt der Tetzitzer See, nördlicher der Liddower Bodden, der in den Großen Jasmunder Bodden übergeht. Nach der Brücke geht es rechts vorbei am Rittergut Liddow, einst Drehort der Fernsehserie „Hallo Robbie". Leider gibt es hier kein Restaurant oder Café. Also Proviant nicht vergessen! Nach einem Schotterweg kommt nun ein Feldweg, der manchmal auch zum kleinen Wiesenpfad wird, doch die Ausblicke vom Hochufer entschädigen. Nach gut vier

Kilometern erreicht man die bewaldeten Anhöhen der Banzelvitzer Berge, mit schöner Aussicht auf den Großen Jasmunder Bodden. Etwas weiter in Groß Banzelvitz gibt es einen Campingplatz und einen Surferstrand. Vorher geht es rechts Richtung Rappin, dort ist dann auch eine gemütliche Gastlichkeit: Im „Andernorts" bekommt man leckeres Essen zu moderaten Preisen. Von hier radelt man über Kartzitz und Gnies nach Bergen zurück. Wer noch Lust hat, fährt weiter nach Ralswiek.

Lage: Der Tetzitzer See liegt in Rügens Norden, im Naturschutzgebiet Tetzitzer See mit Halbinsel Liddow und Banzelvitzer Berge.

Aktivitäten:

- Radtour: 48 Kilometer, mittelschwere Radtour, zum Teil auf Wiesen- und Feldwegen, kleinere Berge. An Proviant, Wasser und Sonnenschutz denken!
- Mein kleines Atelier Kathrin Thesenvitz: Malkurse, Atelierbesuch. Im Sommer auch auf dem Rügenmarkt in Thiessow (*ruegen-markt.de*); Alte Feldstraße 22, 18528 Bergen-Thesenvitz, Tel. 0160 98722419, *atelier-kathrin-thesenvitz.de*

Unterkünfte:

- Hotel Garni Gut Tribbevitz: sehr schön saniertes Gutshaus in ruhiger Lage mit Trakehner Gestüt, Pensionspferde, Schleppjagd, Reitunterricht auf Wunsch oder einfach relaxen; Gut Tribbevitz, 18569 Neuenkirchen, Tel. 038309 7080, *gut-tribbevitz.de*
- Wirtshaus Neuenkirchen: direkt im Dorf, kleine Pension mit regionaler Abendkarte; Dorfstraße 12, 18569 Neuenkirchen, Tel. 038309 70360, *wirtshausneuenkirchen.com*
- Andernorts auf Rügen: Hostel plus Restaurant mit moderner, frischer Küche; Dorfstraße 8, 18528 Rappin, Tel. 0383 84035600, *andernorts-auf-ruegen.de*

12 Störtebeker Festspiele in Ralswiek

RITTER, SCHWERTER UND PIRATEN

Auf der größten Naturbühne Europas wird jeden Sommer ein neues Abenteuer des legendären Piraten Klaus Störtebeker erzählt. 150 Mitwirkende, 30 Pferde, vier Schiffe und spektakuläre Stunts begeistern das Publikum. Danach steigt ein gigantisches Feuerwerk über dem Großen Jasmunder Bodden.

Das Warten hat ein Ende, denn Klaus Störtebeker reitet wieder. Für viele Stammgäste der Insel ist der Besuch bei den Störtebeker Festspielen schon eine liebgewonnene Tradition. Beeindruckend ist die gigantische Bühne vor dem Großen Jasmunder Bodden. Jeden Abend strömen hunderte Besucher in das kleine Dörfchen Ralswiek und verwandeln es in ein verruchtes Piratennest.

Im Mittelalter gehörte Ralswiek durch seine günstige Lage zu den vier größten Häfen Rügens. „Ral" bedeutet im Dänischen Kies und „Wiek" ist die nordische Bezeichnung für einen Ort an der Bucht. 1311 erschien der Name „Ralswiik" das erste Mal in einer Urkunde. Doch schon viel früher machten Schiffe aus dem ganzen Ostseeraum hier fest. Sie brachten Pelze, Gewürze, Öle und feine Stoffe an Land. Danach ging es mit der kostbaren Fracht per Pferd und Wagen weiter, dabei konnte jedoch einiges passieren. Etliche Mythen und Sagen ranken sich um Räuber, Piraten und Seefahrer. Unzählige Schiffe sollen bei Seeschlachten vor der Küste Rügens gesunken sein. Immer wieder war auch von verschwundenen Schätzen die Rede. Auch deshalb fanden schon Ende des vorigen Jahrhunderts in Ralswiek die ersten archäologischen Ausgrabungen statt. Seltene Münzen aus dem Frühmittelalter wurden gefunden, darunter 2203 arabische Dirhem, aber auch die Reste einer größeren Ortschaft. Im nahen Patzig entdeckten Kinder beim Spielen sogar ein Schatzkästchen mit wertvollem Schmuck. Wissenschaftler der Uni Greifswald vermuteten, dass es sich dabei um das Gold der Schwedischen Königin Christine handeln könnte.

Bei den Festspielen

All das ist natürlich Stoff für Geschichten im

Theater. So wird jedes Jahr ein neues Drehbuch geschrieben, welches immer um den Hauptheiden Klaus Störtebeker kreist. Mal geht es um den mecklenburgisch-dänischen Thronstreit, dann wieder um die reichen Pfeffersäcke der Hanse oder gar um die Königin Margarethe. Mehr als 8000 Zuschauer verfolgen jeden Abend das große Theaterspektakel. Ins Leben gerufen hat das Privattheater Peter Hick, seit 1993 war er Intendant mit Herzblut und Leidenschaft. Heute hält Tochter Anna-Theresa das Zepter in den Händen. Bühnenbauer, Maskenbildner, Pyro- und Tontechniker, Stuntman oder Tiertrainer gehören zur großen Theaterfamilie. Einige Schauspieler sind schon viele Jahre dabei, manche kommen auch immer mal wieder. Von einigen stehen bereits die Kinder auf der Bühne. So auch der brandneue Klaus Störtebeker alias Moritz Stephan, der schon als Sechsjähriger im Ralswieker Bühnensand spielte. Damals spielte seine Mutter Grit Stephan die Orka tom Broke, später gab dann sein Vater Jürgen Haase den Gero von Ebersbach. Der erste Störtebekerdarsteller war Norbert Braun, gefolgt von Sascha Gluth, Bastian Semm und Alexander Koll. Immer wieder gern gesehen ist auch Wolfgang Lippert, der als Balladensänger wunderschöne Lieder wie den „Albatros" von Karat singt.

Jedes Jahr neue Kulissen

Die Schauspieler müssen hier nicht nur seefest sein, sondern auch fechten und reiten können. Mit gewagten Stunts und ganz viel Action erobern sie die Herzen der Zuschauer. Vier Schiffe sind im Einsatz, auch der Bodden wird zur Bühne. Über all dem turbulenten Geschehen thront auf dem Berg das Schloss Ralswiek. Das ist keine Kulisse, sondern heute ein romantisches Schlosshotel. Hugo Sholto Graf Douglas ließ es von 1894 bis 1896 nach Entwürfen des Berliner Architekten Gustav Stroh errichten. Das Haus ist umgeben von einem schönen Park, der 1810 angelegt wurde. Bemerkenswert auch die noch zum Teil erhaltene Inneneinrichtung von 1912, die von keinem Geringeren als dem Jugendstilarchitekten Henry van de Velde entworfen wurde. Am Schlossportal prangt das Wappen des Grafen Douglas, der auch 1907 die kleine Holzkapelle am Eingang von Ralswiek errichten ließ.

Ahoi Piratenschiff!

Info

Lage: Ralswiek liegt nördlich von Bergen, etwa sieben Kilometer entfernt.

Aktivitäten:

- Störtebeker Festspiele: Am Bodden 100, 18528 Ralswiek, Tel. 03838 31100, *stoertebeker.de*

Einkehr:

- Zum Störti: direkt neben dem Theater, große und kleine Speisen, man sieht auch diesen und jener Schauspieler; Am Bodden 100, 18528 Ralswiek, Tel. 03838 311018, *zum-stoerti.de*
- Räucherschiff Elbe: Auf dem ersten Hochseefischkutter der ehemaligen DDR von 1956 gibt es Fischbrötchen, Back- und Räucherfisch. Er ist 26,6 Meter lang und gehörte zur Fischfangflotte von Sassnitz; Am Bodden, Hafen, 18528 Ralswiek

Unterkunft:

- Schlosshotel Ralswiek: herrschaftlich wohnen in Zimmern und Suiten, ruhige, romantische Lage mit Pool, Wellness, Restaurant, Bar, Café; Parkstraße 3, 18528 Ralswiek, Tel. 03838 20320, *schlosshotel-ralswiek.de*

13 Die Planstadt Putbus

VILLEN UND ROSEN

Putbus liegt südlich von Bergen. Kommt man allerdings westlich von Garz, fährt man durch die schönsten Alleen von Rügen, zuerst durch die Krimlindenallee, dann unter dem schützenden Blätterdach uralter Kastanien hindurch. Putbus ist nicht groß, aber eine Fundgrube für Architekturliebhaber, die meisten Gebäude sind wunderschön saniert. Im Zentrum steht der Circus, ein runder Platz, um den 15 schneeweiße Villen im Stil des Klassizismus angeordnet sind. In der Mitte des Rondells ragt ein 19 Meter hoher Obelisk auf, von dem sternförmig acht kleine Wege abgehen.

Putbus wurde als eine klassizistische Planstadt erbaut im Auftrag von Wilhelm Malte I., der sich später Fürst zu Putbus nannte. Heute ist es die Stadt der Rosen und ein beschaulicher Kulturort mit Theater.

Putbus ist eine Planstadt, die Fürst Wilhelm Malte I. (1783 bis 1854) ab dem Jahr 1815 bauen ließ. Vorher war er selbst weit gereist, wollte in seiner Heimatstadt seinen „italienischen Traum in Weiß" verwirklichen. Die Häuser um den Circus wurden zwischen 1815 und 1860 erbaut. Maßgeblicher Architekt war Johann Gottfried Steinmeyer, er zeichnete verantwortlich für das Pädagogium am Cicus 16. Die Gestaltung des Platzes übernahm der Kunstgärtner Jochen Christoph Halliger. Vorher hatte Steinmeyer schon das Badehaus Goor entworfen, damit wurde Putbus-Lauterbach zum ersten Badeort auf Rügen. Der Marstall wurde 1824 fertig und 1827 konnte das Theater eingeweiht werden. Der imposante Bau ist heute das einzige Theater auf Rügen mit 240 Plätzen. 1827 ging Steinmeyer an die Umgestaltung des Schlosses. Hier war Wilhelm Malte I. aufgewachsen. Bereits um 1600 gab es hier ein Schloss im Stil der Renaissance, danach bevorzugten die Grafen Moritz Ulrich und Malte Friedrich zu Putbus eher barocke Pläne. Nun sollte eine Umgestaltung im Stil des Klassizismus erfolgen. Leider brannte der Bau aber schon nach 30 Jahren nieder. Das nächste und gleichzeitig letzte Schloss Putbus wurde 1867 bis 1872 von Fürst Wilhelm zu Putbus beim Architekten J. Pavelt in Auftrag gegeben.

Theater Putbus

Nach dem Zweiten Weltkrieg kam es zur Enteignung der adligen Familie und zu Plünderungen. Die Innenausstattung soll sehr kostbar gewesen sein. Gemälde, Porzellan und Gläser wurden von den Sowjets in Kisten verpackt und abtransportiert. 1957 plante man einen Rückbau in den klassizistischen Stil, dabei wurde das Haus stark beschädigt, danach gesprengt und schließlich abgetragen. Es blieb eine große Wunde in Putbus, die nun wieder geschlossen werden soll. Im Dezember 2019 stellte der Förderverein „Fürstliches Schloss zu Putbus" seine Pläne für einen

Obelisk

Wiederaufbau vor. 60 Millionen Euro soll er kosten, trotzdem zeigten die Bürger reges Interesse und seit 2020 gibt es ein Spendenkonto. Zu bestaunen ist immer noch der wundervolle 75 Hektar große Park mit seltenen und sehr alten Bäumen, welcher zum UNESCO-Biosphärenreservat Südost-Rügen gehört.

Nach der Wende wurde Putbus, auch durch die Anbindung an den Rasenden Roland, zur Kulturhauptstadt Rügens. Hier geht man ins Theater, besucht Kunstausstellungen in der Orangerie oder Konzerte im Marstall. Es gibt schöne Cafés und Restaurants und in der Alleestraße nette Geschäfte. Außerdem wird Putbus auch „Rosenresidenz" genannt. Fast vor jedem Haus sieht man wunderhübsche Rosenbüsche. Es duftet betörend und man kann sich kaum sattsehen. Die rund 600 Rosen werden ehrenamtlich von der „Rosenbrigade" gepflegt. Seit 2017 ist Ulli Hilden der neue Rosendoktor, welcher für die Gesundheit der blühenden Schönheiten zuständig ist.

Gründerzeitbau am Markt

Überall gepflegte Rosenbüsche

Ein interessanter Abstecher sei nach Vilmnitz in die Maria-Magdalena-Kirche empfohlen. Hier ruht die Familie derer zu Putbus, in der Gruft stehen 28 Särge von der Zeit 1609 bis 1860. Seit Jahren werden sie von Bestattungsarchäologen betreut. Als letzter Fürst wurde hier 1854 Malte I. beigesetzt, seine Gattin folgte sechs Jahre später. Die wertvollen Särge werden von Metallrestauratoren nach und nach aufgearbeitet. Im Sommer finden in der kleinen Kirche immer donnerstags Orgelkonzerte statt.

Info

Lage: Putbus liegt im Südosten Rügens, etwa 25 Kilometer östlich von Altefähr.

Aktivitäten:

- Theater Putbus: Markt 13, 18581 Putbus, Tel. 038301 808330, *theater-vorpommern.de/theater/theater-putbus*
- Stadtinformation Putbus: Alleestraße 2, 18581 Putbus, Tel. 038301 431, *putbus-info.de*

Einkehr:

- Rosencafé Putbus: fürstliches Ambiente im Traditionscafé mit hauseigener Konditorei; Bahnhofstraße 1, 18581 Putbus, Tel. 038301 887290, *raulff-hotels.de/rosencafe-putbus*
- Café Central Putbus: Burger, Salate, Cocktails, Restaurant, Bar; Alleestraße 9, 18581 Putbus, Tel. 038301 88122, *cafecentral-putbus.de*

Unterkünfte:

- Hotel Badehaus Goor: historisches Ambiente, Spa, Restaurant Zur Goor, Bar; Fürst-Malte-Allee 1, 18581 Putbus, Tel. 0383 01 88260, *hotel-badehaus-goor.de*
- Hotel & Restaurant Nautilus: schöne Lage, direkt am Bodden, Sauna, große Liegewiese, Restaurant sehr fantasievoll gestaltet wie ein U-Boot, regionale Küche; Neukamp 17, 18581 Putbus, Tel. 08301 830, *ruegen-nautilus.de*
- Hotel & Restaurant Wreecher Hof: ruhig gelegenes 4-Sterne-Hotel mit Innenpool, Sauna, großer Garten, Restaurant mit internationaler Küche; Kastanienallee 1, 18581 Putbus, Tel. 038301 850, *wreecher-hof.de*

DAS ERSTE SEEBAD AUF RÜGEN

Lauterbach, idyllisch am Rügischen Bodden gelegen, ist ein Ortsteil von Putbus und hat kaum mehr als 500 Einwohner. Den Namen verdankt es der Frau des Fürsten Wilhelm Malte I. zu Putbus, welche eine geborene Lauterbach war. Der Fürst gründete hier 1816 das erste Seebad Rügens, zunächst mit Badekarren und Zelten. 1817/18 ließ er dann das Badehaus Goor errichten, ursprünglich als Friedrich-Wilhelm-Bad von Johann Gottfried Steinmeyer für die Residenzstadt Putbus entworfen. Das Badehaus Goor zählte zu den vornehmsten Einrichtungen Europas. Elizabeth von Arnim, Fürst Otto von Bismarck und Alexander von Humboldt stiegen hier ab, bis 1860 war Lauterbach das meistbesuchte Bad auf der Insel. Das Badehaus Goor wurde mehrfach umgebaut, aber die Vorderfront mit den 18 klassizistischen Säulen immer beibehalten. Nach längerem Leerstand erstrahlt es heute wieder schneeweiß als elegantes Hotel, sogar mit eigener Thermalquelle. Schöne Fotomotive bieten sich, wenn im Mai die Teilnehmer der Rügenclassics mit ihren Oldtimern hier vorfahren.

Drei Kilometer südöstlich von Putbus liegt Lauterbach, das maritime Herz der Insel mit Bootsbauern, Fischerei- und Sportboothafen. Östlich erstreckt sich das Naturschutzgebiet Goor und gegenüber liegt die Insel Vilm.

Zu einem Hafenort wurde Lauterbach erst ab 1834 mit dem Bau der ersten Landungsbrücke. Vorher mussten die Passagiere auf See von den großen Schiffen auf kleine Boot umsteigen. Nun legten Dampfschiffe aus Stettin oder große Oderkähne hier an. 1890 bekam Lauterbach einen eigenen Bahnanschluss und bald darauf war auch ein neuer Hafen fertig. Dort pulsiert noch heute das Leben. Täglich bringen die Fischer ihren frischen Fang an Land. Räucherkutter verkaufen Fish & Chips, es gibt kleine Cafés und Restaurants. Der Traditionssegler „Ernestine", ein ursprünglicher Frachtensegler von 1899, lädt ein zu Kaffeefahrten auf dem Greifswalder Bodden. Gleich dahinter legt das Motorschiff „Julchen" ab zur Insel Vilm.

Die Insel Vilm

Das Eiland steht streng unter Naturschutz und darf nur jeweils von 30 Personen mit einer Führung betreten werden. Nachdem die Insel in den Anfangsjahren der DDR vom Tourismus stark frequentiert wurde, war sie ab 1959 nur noch der Staatsführung vorbehalten. Margot und Erich Honecker waren mehrmals dort. 1990 wurde die Insel Vilm Teil des Biosphärenreservats Südost-Rügen, der Wald wird seitdem sich selbst überlassen. Verbleibende Gebäude gehören zu einer Außenstelle des Bundesamtes für Naturschutz. Jedes Jahr im August findet das Vilm-Schwimmen statt, dazu werden rund 400 Teilnehmer mit Booten auf die Naturschutzinsel an den Start gebracht, die Strecke beträgt 2,5 Kilometer. Ziel ist der Hafen von Lauterbach, wo es natürlich ein großes Fest gibt.

Seit jeher ist Lauterbach auch ein Standort der Bootsbauer, schon seit 1948 werden bei der Firma Bootsbau Rügen Boote repariert und Jachten gebaut, es gibt Werft-Führungen und eine Schau-

Badehaus Goor

werkstatt. Liegen an der Ostseite des Lauterbacher Hafens schon zahlreiche Segeljachten, sieht man an der Mole, wo auch der Rasende Roland abdampft, einen noch größeren Sportboothafen. In der Ferienwelt im-jaich kann man sogar auf Stelzenhäusern und in Hausbooten wohnen.

Folgt man dem Uferweg Richtung Badehaus Goor, erreicht man bald die seit 2014 errichtete 800 Meter lange Goor-Promenade. Sie wird teilweise landseitig von der Fürst-Malte-Allee begleitet, einer wunderschönen Eichenallee, die direkt zum Haus Goor führt. Auf der neuen Goorpromenade stehen zahlreiche Bänke, die zum Verweilen einladen, am Ende gibt es auch noch einen beliebten Sandspielplatz. Die Goor-Promenade mündet direkt auf den „Pfad der Muße & Erkenntnis", ein 4,2 Kilometer langer Wanderweg durch das Naturschutzgebiet Goor. Es gehört zu 62 Prozent der Michael-Succow-Stiftung, benannt nach dem Mitinitiator des Nationalparkprogramms. Hier soll ein Naturwald entstehen, in den der Mensch nicht mehr eingreift, ganz zum Schutz einer seltenen Tier- und Pflanzenwelt. Auf 19 Stationen wird zur Muße, Achtsamkeit, Meditation und Entschleunigung eingeladen.

Die Goor leitet sich vom slawischen Wort Gora, dem Berg, ab. Von den Hügeln der Goor malte Caspar David Friedrich 1809 den „Blick zur Insel Vilm" und 1810 die „Rügenlandschaft mit Regenbogen". Insgesamt 1035 Tier- und Pflanzenarten wurden in der Goor nachgewiesen. An den Hochufern am Bodden, wo es auch immer wieder zu Abbrüchen kommt, leben zahlreiche Uferschwalben, ja sogar der kleine Eisvögel baut seine Nisthöhlen in diesen aktiven Kliffs. Empfohlen wird eine geführte Wanderung.

Info

Lage: Lauterbach liegt drei Kilometer südöstlich von Putbus, etwa 30 Kilometer östlich von Altefähr.

Aktivitäten:

- Exkursion zur Insel Vilm: mit der MS „Julchen", die Insel darf nur mit einer Führung betreten werden. Es folgt eine 2,5 Kilometer lange Wanderung. Bitte vorab anmelden; Infokiosk im Lauterbacher Hafen oder Jenny´s Hafencafé, Tel. 038301 61896, *vilmexkursion.de*
- Vilm-Schwimmen: *vilmschwimmen.de*
- Werftführung: *vilm.de/unsere-werft-auf-ruegen/#fuehrung*
- Goor-Wanderung: auf dem „Pfad der Muße & Erkenntnis" mit Diplom Landschaftsökologin Steffi Deickert, leichte Wanderung, 4,3 Kilometer, 1,05 Stunden; *natur-beruehrt.de*

Einkehr:

- Fisch-und-Steakhaus: direkt am Hafen, große Auswahl für den kleinen und großen Hunger; Am Hafen, 18581 Lauterbach, Tel. 038301 88038, *fisch-und-steakhaus-lauterbach.de*

Unterkünfte:

- Hotel Badehaus Goor: stilvoll logieren im historischen Ambiente, Spa, Restaurant Zur Goor, Bar; Fürst-Malte-Allee 1, 18581 Putbus, Tel. 0383 01 88260, *hotel-badehaus-goor.de*
- im-jaich Marina Lauterbach und Wasserferienwelt Rügen: Wohnen auf dem Wasser, Pfahlhaus-Suiten und schwimmende Häuser, Frühstück im Restaurant Kormoran oder Brötchenservice, Am Yachthafen 1, 18581 Lauterbach, Tel. 038301 80 90, *im-jaich.de/urlaub/wasserferienwelt-ruegen*

Halbinsel Mönchgut

Steilufer bei Klein Zicker

Halbinsel Mönchgut

15. Das Mönchgut: ein wahres Paradies
16. Ostseebad Baabe: Tor zum Mönchgut
17. Ruderbootfähre Moritzdorf: Hol över, Fährmann!
18. Um den Neuensiener See: Wandererlebnis im Hinterland
19. Der Rasende Roland: mit Volldampf über die Insel
20. Ostseebad Göhren: Spaß für die ganze Familie
21. Wanderung um das Nordperd: das Horn von Rügen
22. Im Herzen von Mönchgut: Alt Reddevitz, Middelhagen, Lobbe
23. Über die Zicker Berge: unterwegs mit dem Naturführer
24. Zwischen Klein Zicker und Thiessow: Schätze am Bodden

Großer Jasmunder Bodden
96
Lietzow
E251
E22
Staphel
Neu Mukran
Kleiner Jasmunder Bodden
Prora
Stedar
Lubkow
Trips
Streu
196
Kaiseritz
Silvitz
Zirkow
196
Binz
Rügen
Pantow
Serams
Sellin
196
Lancken-Granitz
19
Pastitz
Nistelitz
16
18
17
Neuensien
Baabe
Lonvitz
Nadelitz
Seedorf
20
21
Lauterbach
22a
Göhren
Having
15
Neuendorf
Ostsee
22b
Middelhagen
Mariendorf
Hagensche Wiek
Lobbe
23
Groß Zicker
Rügischer Bodden
24
Klein Zicker
Thiessow
Greifswalder Bodden

15 Das Mönchgut

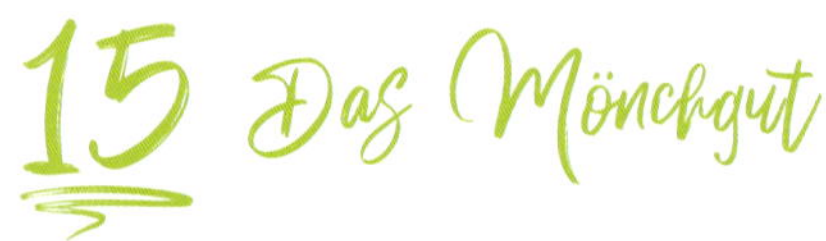

EIN WAHRES PARADIES

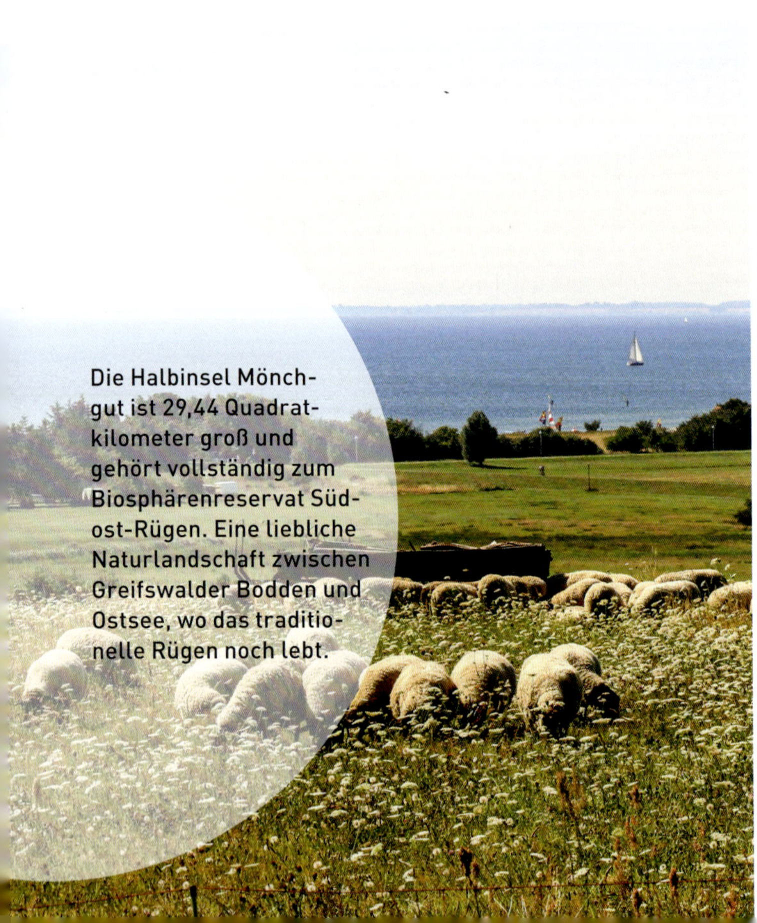

Die Halbinsel Mönchgut ist 29,44 Quadratkilometer groß und gehört vollständig zum Biosphärenreservat Südost-Rügen. Eine liebliche Naturlandschaft zwischen Greifswalder Bodden und Ostsee, wo das traditionelle Rügen noch lebt.

Am Südöstlichsten Zipfel von Rügen liegt das Mönchgut mit den drei Ostseebädern Baabe, Göhren und Mönchgut, in dem die Orte Gager, Middelhagen und Thiessow vereint sind. Die gesamte Halbinsel ist Teil des Biosphärenreservats Südost-Rügen, große Gebiete zählen außerdem zum Naturschutzgebiet Mönchgut wie das Nordperd in Göhren. Schon 1805 beschrieb der Geograf Johann Grümbke die Halbinsel als „das wahre Paradies von Rügen."

Die einmalig schöne Landschaft erstreckt sich mit mehreren Landzungen in den Greifswalder Bodden und die Having. Beeindruckend ist der Wechsel von Feldern, Wiesen und sanften Hügeln, von denen es immer wieder traumhafte Ausblicke gibt. Eine geführte Naturwanderung über die Zicker Berge zählt zu den schönsten Erlebnissen auf Rügen. Toll natürlich auch der kilometerlange, feine Ostseestrand, der sich von Thiessow bis zum Südstrand nach Göhren zieht. Traditionell liegen hier einige Campingplätze mit direktem Strandzugang.

Die Geschichte des Mönchguts reicht bis in die Steinzeit zurück, erste Funde sind über 10.000 Jahre alt. Der Name entstand aber erst im Mittelalter. Fürst Jaromar II. hatte das Land Alt-Reddevitz dem Kloster Eldena bei Greifswald übergeben, später kaufte der Abt Martin auch den südlichen Teil der Halbinsel dazu. Von da an sprach man von dem „Mönchegut". Begrenzt wurde die Halbinsel durch den Mönchgraben. Er war 1,5 Kilometer lang und führte vom Selliner See bis an die Ostsee. Nördlich des Grabens verlief noch ein aufgeschütteter Wall. Man vermutet heute, dass der Graben den Ranenfürsten bereits vor den Mönchen als Verteidigungsanlage diente, vor allem gegen dänische und sächsische Kreuzzügler, die von Süden über Peenemünde kamen. In Baabe markiert seit 2002 ein riesiges Holztor die Grenze zum Mönchgut. Westlich davon sieht man noch Reste des alten Mönchgrabens. Nach der Reformation 1534 fiel das Mönchgut an die Pommerschen Herzöge, von 1648 bis 1815 war ganz Rügen schwedisch und danach gehörte die Insel zu Preußen.

Was die Mönchguter bis heute auszeichnet sind ihre eigene Kultur und ihr Charakter. Mit großer Hingabe sind sie Traditionsbewahrer, groß ist auch ihre Naturverbundenheit und ihr Engagement für die Heimat. Mönchguter sind keine Plaudertaschen und noch weniger reden sie jemandem zum Munde. Typische Bewohner waren zunächst Fischer, von denen es heute nur noch sehr wenige gibt. Die Leute nördlich des Mönchgrabens nannten sie „Poken", weil sie die Heringe aus den engmaschigen Fischernetzen po(l)ken. Die wiederum nannten die Bauern nördlich des Grabens „Kollen", abgeleitet vom Keulen des Dreschflegels. Später waren die Mönchguter Fischer und Bauern, Lotsen, dann zunehmend Vermieter, Hotel- und Pensionsbesitzer oder alles zugleich. Eine „Pokenstuw" gibt es heute noch in Alt-Reddewitz, betrieben von Christian und Martina Pisch, beide sind Mitglieder der Mönchguter Trachtengruppe.

Das Heimatmuseum in Göhren

Noch bis zur Mitte des 20. Jahrhunderts wurde die Mönchguter Tracht im Alltag getragen, heute sieht man sie nur noch bei besonderen Festen und im Heimatmuseum Göhren. Die Trachten waren sehr wertvolle Handarbeiten und wurden über Generation weitervererbt. Die Männer trugen dunkle Westen und Jacken sowie die weiten, rockähnlichen Leinenhosen, die man auch aus Schweden und Holland kannte. Der Vorteil war, dass diese Hosen wie Segel im Wind sehr schnell trockneten, später gab es auch den typischen Volkstanz der Fischer dazu: „Schüddel de Büx".

In Göhren findet man vor dem Museum den Ruth-Bahls-Platz. Die Lehrerin gründete am 1. Mai 1963 das Heimatmuseum und machte sich ihr Leben lang um die Bewahrung der Traditionen verdient, was besonders in einer sozialistischen Diktatur nicht einfach war. Die Mönchguter Museen werden heute durch einen Förderverein betreut, dazu gehört auch das Rookhus (zu deutsch Rauchhaus), es wurde bereits um 1700 gebaut und ist eines der ältesten Gebäuden auf der Insel Rügen. Das reetgedeckte Haus hat eine typische Zuckerhut-Dachform. Ebenso alt sind die vier Häuser des Museumshofes (Strandstraße 4), sie stehen unter Denkmalschutz und sollen demnächst mit einem neuen Konzept wiedereröffnet werden.

Info

Lage: Die Halbinsel Mönchgut liegt im Südosten von Rügen.

Aktivitäten:

- Heimatmuseum Göhren: wechselnde Ausstellungen zur geschichtlichen Entwicklung von Göhren und der Halbinsel Mönchgut, wertvolle Mönchguter Trachtenausstellung; Strandstraße 1a, 18586 Göhren, Tel. 038308 2175, *ruegen-museen.de/museum/heimatmuseum-goehren*
- Rookhus Göhren: zeigt traditionelle Lebensweise der Mönchguter Fischerbauern; Thiessower Straße 7, 18586 Göhren, Tel. 038308 2175; *ruegen-museen.de/museum/rookhus-goehren*
- Schulmuseum Middelhagen: ehemalige Dorfschule mit historischem Klassenraum, authentisch eingerichtete Lehrerwohnung, historische Schulstunden; Dorfstraße 23, 18586 Ostseebad Mönchgut, Middelhagen, Tel. 038308 2478, *ruegen-museen.de/museum/schulmuseum-middelhagen*
- Seefahrerhaus Sellin: Sonderausstellung „Blauzahn – Der Silberschatz von Rügen", maritime Exponate und geologische Ausstellung; Seestraße 17b, 18586 Ostseebad Sellin, Tel. 038303 371105, *ruegen-museen.de/museum/seefahrerhaus-sellin*

16 Ostseebad Baabe

TOR ZUM MÖNCHGUT

Das Ostseebad Baabe ist ein kleines, aber feines Seebad mit nicht mal tausend Einwohnern. Es liegt landschaftlich sehr reizvoll zwischen der Ostsee, der Baaber Heide und der Baaber Bek, welche den Seeliner See mit der Having verbindet.

Das hölzerne Mönchgut-Tor über die B196 symbolisiert die Grenze zwischen der Halbinsel Mönchgut und dem Rest von Rügen. Lebensgroße Schnitzereien von Bäuerin, Fischer, Mönch und Ritter grüßen die Gäste. Sie sind Teil der Kultur und Tradition, die hier groß geschrieben wird. Die historische Trennlinie war ursprünglich der Mönchgraben von der Ostsee bis zum Selliner See, teilweise noch westlich des Tores zu erkennen.

Erste urkundliche Erwähnung fand Baabe im Jahr 1252; es gehörte bis ins Jahr 1535 wie die gesamte Halbinsel Mönchgut zum Kloster Eldena. Das ursprüngliche Dorf lag am Selliner See und war lange nicht mehr als ein Bauernhof mit Bündnerei und Häuslerstelle. Noch heute wird dieser Ortsteil Alt-Baabe genannt, wo jedes Jahr die „Sause des Jahres" steigt. Anfang August wird hier sehr ausgiebig das Heidelbeerfest gefeiert. In Alt-Baabe findet man auch ein kleines Freiluftmuseum zum Thema Fischerei und Bootsbau. Gezeigt wird unter anderem ein in Baabe gebautes Fischerboot und eine Heringsortiermaschine sowie ein sogenanntes Motorreusenboot.

Figut am Mönchgut-Tor

Keine 500 Meter weiter geht es nicht mehr weiter, man steht am Baaber Bollwerk an der Baaber Rinne, die den Selliner See von der Having trennt. Die Baaber Rinne ist ungefähr 50 Meter breit, hinüber kommt man nur mit der Ruderbootfähre. Gegenüber liegt sehr idyllisch die Moritzburg, ein Ortsteil von Sellin. Am Baaber Bollwerk befand sich früher ein Fischereihafen mit einem Salzhaus, heute steht hier das Hotel Solthus am See. Der Baaber Hafen bietet 25 Liegeplätze für Sportboote und ist sehr beliebt bei Anglern. Täglich brechen hier Ausflugsdampfer in Richtung Gager, Thiessow und Lauterbach auf, zweimal wöchentlich auch zu den beliebten Robbenfahrten. 2018 wurde auf Rügen das erste Kegel-

Am Baaber Bollwerk

robbenbaby gefunden, danach häuften sich die Meldungen über Geburten. Rund 70 Kegelrobben sollen inzwischen im Greifswalder Bodden und an der Greifswalder Oie beheimatet sein. Seehunde sind aber eher selten. Verbote von Umweltgiften wie PCB und DDT haben sich ausgezahlt. Ihre Lieblingsspeise wie Heringe und Makrelen finden sie hier reichlich.

Im Sommer pendelt auch die Solarfähre „Sünje" bis zu zehnmal täglich zwischen Baabe und Sellin. Die Solarmodule versorgen zwei Elektromotoren mit einer Gesamtleistung von 10,6 kw, alles fast geräuschlos und umweltfreundlich.

Das Bollwerk Baabe gehört zu den schönsten Naturhäfen Deutschlands. Hier kamen auch 1906 die ersten Badegäste mit dem Schiff von Greifswald an. Sie fuhren weiter mit der Kutsche zur Villa Fröhlich, damals das erste Logierhaus am Platz. Baabe war allerdings ein Spätzünder. Erst 1913 wurden die ersten Strandkörbe aufgestellt und ein Charlottenburger Architekt mit der Planung für „Neubaabe" beauftragt. Nach seinen Ideen wird bis heute an der Strandstraße saniert. Hier liegen recht hübsche Cafés, Restaurants und Geschäfte. Das Ende der breiten Allee kurz vor dem Strand markiert die Skulptur „Der Kompass" – eine Art Mikro-Stonehenge mit vier Steinen, welche die Himmelsrichtungen anzeigen. Rechts davon steht das futuristische Haus des Gastes mit Aussichtsplattform, links der Kurpark mit viel Musik im Sommer und dahinter das Inselparadies, ein Bau des Binzer Architekten Ulrich Müther. Topattraktion ist wie immer das Meer:

Hier hat es auch noch einen schönen breiten und sehr feinen Sandstrand. Dahinter verläuft die Bernsteinpromenade. Knapp 1,5 Kilometer sind es zur Seebrücke nach Sellin. In die andere Richtung geht es in drei Kilometern bis Göhren, am schönen Fischerstrand vorbei, wo es im „Seeräuber" leckere Fischbrötchen gibt. Bei „Surf and Sail" lernt man Segeln oder Stand-up-Paddling. Sehr zu empfehlen ist das kleine Waldgebiet der Baaber Heide, wunderbar zum Laufen oder Wandern, besonders schön schattig im Sommer.

Lage: Baabe liegt am nördlichen Rand der Halbinsel Mönchgut. Von Bergen sind es 21 Kilometer in südöstlicher Richtung.

Aktivitäten:

- Mönchguter Küstenfischermuseum: kleines maritimes Freiluftmuseum zur Geschichte der Fischer und Bootsbauer; Bollwerkstraße/ Ecke Dorfstraße, 18586 Baabe
- Haus des Gastes: Tickets, Landkarten, Information; Am Kurpark 9, 18586 Baabe, Tel. 038303 1420, *baabe.de*

Unterkunft:

- Inselparadies: italienisches Restaurant und Café mit 360-Grad-Panoramablick im denkmalgeschützten Ulrich Müther Bau, im Erdgeschoss Strandbar; Am Inselparadies 1,18586 Baabe, Tel. 038303 493144, *inselparadies-baabe.de*
- Café Klatsch: sehr beliebtes Café, selbst gebackene Kuchen und Torten; Am Kurpark 2, 18586 Baabe, Tel. 0172 3027058, *baabe-cafeklatsch.de*
- R&R Strandhotel Baabe: familiengeführtes 4-Sterne-Hotel, liebevoll saniert und geschmackvoll eingerichtet, dazu gehört das Kabarett „Die Lachmöwe",sowie das Restaurant „Zum Kranich" und die Bar Casablanca; Strandstraße 28, 18586 Baabe, Tel. 038303 150, *strandhotel-baabe.de*

17 Ruderbootfähre Moritzdorf

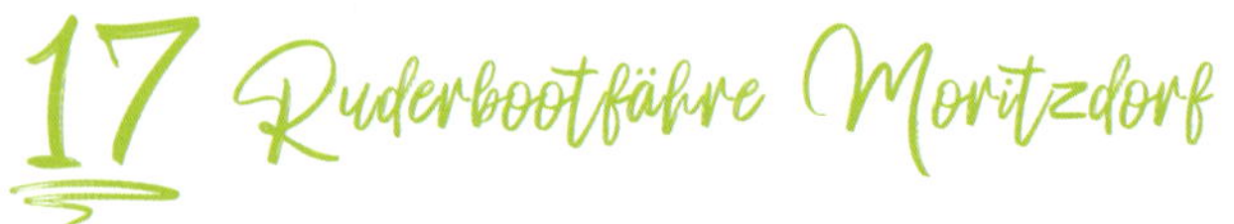

HOL ÖVER, FÄHRMANN!

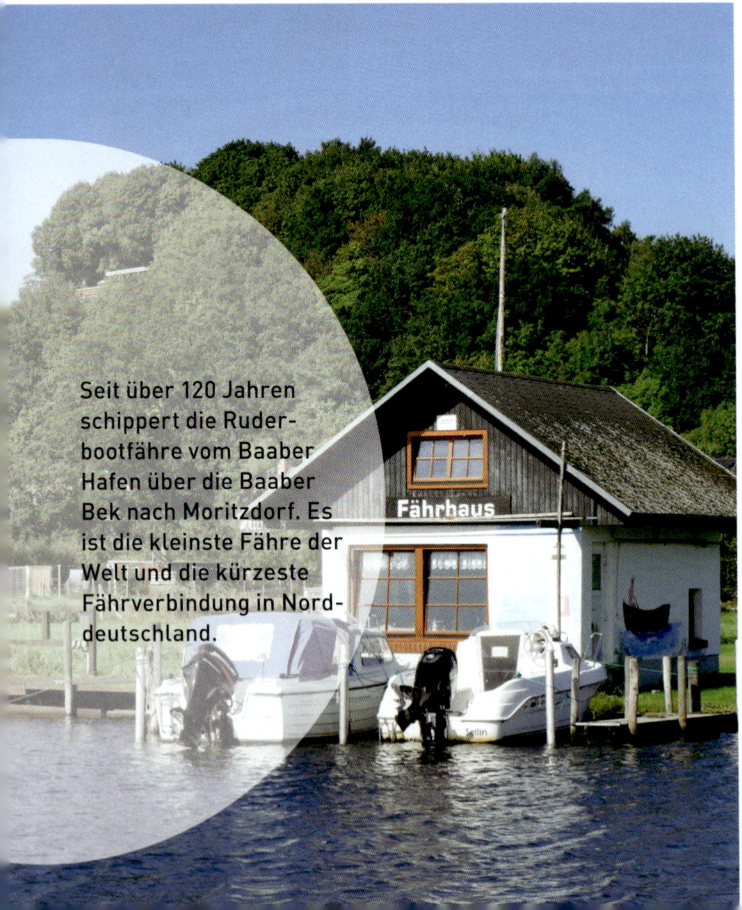

Seit über 120 Jahren schippert die Ruderbootfähre vom Baaber Hafen über die Baaber Bek nach Moritzdorf. Es ist die kleinste Fähre der Welt und die kürzeste Fährverbindung in Norddeutschland.

Die Sonne hat immer noch viel Kraft an diesem Septembertag. Altweibersommer: ideales Radwetter, nicht zu warm und nicht zu kalt. Dementsprechend voll ist der Hafen von Baabe am Bollwerk. Während die einen an Bord der Sundevit gehen, um eine Bootstour über den Greifswalder Bodden zu machen, warten die anderen am Ufer. Sie wollen hinüber auf die andere Seite nach Moritzdorf. Doch das geht nur mit der Fähre und die ist normalerweise ein hölzernes Ruderboot, das von Hand gerudert wird.

Kay-Uwe Strandmann pflegt hier eine 120-jährige Tradition, die er von seinem Vater übernommen hat. Die erste Ruderfähre gab es schon 1891, und Pläne für eine Brücke wurden immer mal wieder besprochen. Doch seit das Bollwerk zum Biosphärenreservat Südost-Rügen gehört, hat sich das erledigt. Menschen und Güter werden seit jeher mit dem Kahn über die Baaber Bek gebracht, ein Kanal der die Having mit dem Selliner See verbindet. Letzteren umrundet man gern mit dem Rad und mit der Fähre spart man so ganze acht Kilometer.

Die Baaber Bek

Im Hafen liegen heute kleinere Segelboote, die Weiße Flotte startet nach Lauterbach und so mancher Angler macht es sich gemütlich. Umgeben von Wiesen ragt auf der anderen Seite die Moritzburg empor. Ein Berg mit Aussicht, an den sich kleine Fischerhäuser schmiegen. Der Panoramablick über die Halbinsel Mönchgut und den Greifswalder Bodden ist ein Traum. Spektakulär sind auch die Sonnenuntergänge, die man am besten auf der anderen Seite vom Restaurant Heimatliebe, auf einer Terrasse des Hotels Solthus, erleben kann.

Heute mal mit Motorboot

Doch zunächst geht es darum ein Plätzchen in der beliebten Fähre zu ergattern. Nur 50 Meter ist die Bek hier breit, gut 24 Ruderschläge. Weil aber der Andrang so groß ist, hilft heute auch der Vater Uwe Strandmann aus. Es kommt sogar ein Motorboot zum Einsatz. Herr Strandmann Senior, nun schon 77 Jahre alt, lädt Fahrräder, Kinderwagen und Hunde ein und aus. Bis zu einhundert Mal täglich geht es über den Fluss. Es ist eine Fährverbindung nach Bedarf. Wer

Fährmann Uwe Standmann mit Schiffermütze

sehr spät kommt, kann auch eine Handynummer wählen, ansonsten läutet man die Glocke. Das ganze Jahr über ist die Fähre in Betrieb. Im Sommer schippern die Strandmanns von morgens um acht bis kurz vor Mitternacht. Inzwischen hat es sich herumgesprochen, viele Gäste kommen inzwischen auch nur wegen der Überfahrt, die nicht einmal fünf Minuten dauert. Aber sie ist eben ein einzigartiges Erlebnis.

Lage: Anlegestelle am Baaber Hafen gegenüber der Bollwerkstraße 1. Das Fährhaus, eine schlichte Holzhütte, liegt auf der anderen Seite in Moritzdorf; Moritzdorf, 18586 Sellin, Tel. 0174 3208804

Aktivitäten:

- Schiffstouren: die Boddenküste von Baabe nach Lauterbach, Robbenfahrten oder der kleine Pendelverkehr von Baabe bis Sellin, Fahrradmitnahme möglich; *weisse-flotte.de*

Einkehr:

- Fischkutter Lütt Matten: gemütlich sitzen am Hafen mit lecker Frischbrötchen und Backfisch, tolle Sonnenuntergänge, manchmal Musik; Bollwerkstraße 1B, 18586 Baabe, Tel. 0151 11977148, *fischkutter-luett-matten.de*
- Zum Fischer: ehrliche, frische Fischküche ohne Schnickschnack, einer von zwei Baaber Fischern; Bollwerkstraße 6, 18586 Baabe, Tel. 038303 86428, *zumfischer.de*

Unterkunft:

- Hotel Solthus am See: wunderbar idyllisch und ruhig gelegen, direkt an der Baaber Bek, Wellnessoase mit Pool, Restaurant „Heimatküche" mit Terrasse und Blick auf den Greifswalder Bodden, auch ohne Übernachtung eine Empfehlung; Bollwerkstraße 1, 18586 Baabe, Tel. 038303 87160, *solthus.de*

18 Um den Neuensiener See

WANDERERLEBNIS IM HINTERLAND

Bei der abwechslungsreichen Tour durch das Naturschutzgebiet Neuensiener und Selliner See ist man weit weg vom Trubel. Den Wanderer erwarten idyllische Sumpflandschaften und einige Anhöhen mit großartigen Ausblicken. Es gibt schöne Plätze zum Rasten, und auch kulinarisch ist für Stärkung gesorgt.

Die Wandertour hat die Form einer Acht und startet am Baaber Bollwerk, dort befindet sich auch ein Parkplatz. Mit der Ruderbootfähre geht es über die Baaber Bek nach Moritzdorf. Die kleine Siedlung mit den hübschen reetgedeckten Häuschen wurde 1841 von Malte zu Putbus gegründet und ist heute mit nur 80 Einwohnern ein denkmalgeschütztes Zeilendorf. Linker Hand geht es am Hotel-Restaurant Moritzdorf vorbei zum Ende des Dorfes. Dort führt eine steile Treppe 174 Stufen empor zur Ausflugsgaststätte Moritzburg mit wunderschönem Ausblick auf die Baaber Bek und die Having. Westlich am Restaurant vorbei geht es zunächst durch einen kleinen Wald, der Weg ist ausgeschildert nach Seedorf. Ungefähr 3,5 Kilometer führt der asphaltierte Plattenweg über die Hügel, hier sind auch einige Radfahrer unterwegs. Relativ am Anfang gibt es einen überdachten Rastplatz, der in östlicher Richtung einen Ausblick über den Selliner See gewährt. Kurz vor Seedorf findet man ein Wildgehege mit Dammhirschen.

Das kleine Seedorf liegt an der Lanckener Bek, die den Neuensiener See und die Having verbindet. Schon zu Zeiten Napoleons war dort ein bedeutender Hafen, aufgrund einer für die Schifffahrt besonders geeigneten Strömungsrinne. 1861 wurde hier die erste Werft gegründet und ab 1885 schipperte das Dampfschiff „Hebe" regelmäßig nach Seedorf. Es fuhren nicht nur die ersten Badegäste über Seedorf und dann weiter mit dem Pferdeomnibus nach Binz und Sellin, sondern auch Frachtkähne mit Baumaterial für die ersten Hotels auf der Insel. 30 Kapitäne wohnten in Seedorf, 1892 gründeten sie den Seedorfer Schifferverein. Frei-

Seedorf

lich machte den Werften und der Schifffahrt bald die Eisenbahn, sprich der Rasende Roland, Konkurrenz. Das war dann auch das Ende für den Bootsbau. 1925 ging die „Galeasse Seedorf" als letztes Schiff vom Stapel. Heute leben die Seedorfer vor allem vom Tourismus. Es gibt den Hafen Seedorf mit dem Café Anleger und den Jachthafen am Forellensteg, beide sind überaus romantisch in der Lanckener Bek gelegen. Fischbrötchen gibt es bei der Fischräucherei Liedtke „De Seedörper" am Hafenplatz.

Die Wandertour geht weiter, westlich Richtung Lancken-Granitz, zunächst über eine Brücke. Von hier aus sieht man in der Ferne die Granitz mit den Turm des Jagdschlosses. Nach ungefähr 800 Metern kommt links eine Rasthütte, keine hundert Meter weiter geht es dann rechts ab nach Lancken-Granitz. Der Weg führt nun immer um den See herum, bitte rechts halten. Der Neuensiener See hat einen dichten Schilfgürtel, ein Paradies für Wasservögel. Gemeinsam mit dem Selliner See bildet er ein 234 Hektar großes Naturschutzgebiet. Besonders Enten und Gänse fühlen sich hier wohl. An der nächsten großen Straße biegt man rechts ab nach Neuensien. Der kleine Ort wurde bereits 1318 als Nova Swertzin bei der Erhebung von Kornsteuern durch den Bischof von Roskilde erwähnt. Hübsche reetgedeckte Häuschen ziehen sich am Weg entlang, an der Gaststätte Seeblick gibt es eine schöne Terrasse zum Wasser hin. Die Wanderung geht weiter nach Süden, wieder durch Seedorf, nun mitten hindurch bis zum Ufer der Having. Richtung Osten beginnt ein verwunschener Wanderweg am Ufer entlang. Radfahren ist hier nicht möglich und auch untersagt. Zunächst geht es bergauf in den Wald am Weißen Berg entlang. Dann führt ein schmaler Pfad wieder ins Freie, danach bewegt man sich auf Stegen über eine beeindruckende Sumpflandschaft. Sie gehört zur Schutzzone des Biosphärenreservats Südost-Rügen. Auf der anderen Seite der Having erblickt man das Reddevitzer Höft. Schon bald ist Moritzdorf wieder erreicht. Nun kann man sich aussuchen, wo die Wanderung ausklingt, diesseitig im Hotel Moritzdorf oder auf der anderen Seite im Solthus oder bei „Lütt Matten". Von allen drei Lokalitäten erlebt man an lauen Sommerabenden einen wunderschönen Sonnenuntergang über dem Greifswalder Bodden.

Neuensiener See

Lage: Der Neuensiener See liegt im Südosten Rügens bei Lancken-Granitz, etwa 20 Kilometer südöstlich von Bergen.

Information:

- Touristinformation für Seedorf, Neuensien über: *ostseebad-sellin.de*

Einkehr:

- De Seedörper Fischräucherei Liedtke: frisch geräucherter Fisch, Salate, Fischbrötchen; Seedorf 8a, 18586 Sellin, Tel. 38303 87974, *deseedoerper.de*

Unterkünfte:

- Hotel Moritzdorf: kleines Drei-Sterne-Hotel mit Restaurant; Moritzdorf 15, 18586 Sellin, Tel. 038303 186, *moritzdorf-sellin.sellin-hotels.com*
- Ferienpension Seeblick: Neuensien 9a, 18586 Sellin OT Seedorf, Tel. 038303 86597, *ferienpension-seeblick.de*

19 Der Rasende Roland

MIT VOLLDAMPF ÜBER DIE INSEL

Für viele Menschen ist es ein Kindheitstraum: einmal mit einer alten Dampflok über Land fahren, mit lautem „Tutuutuut" und ganz viel Qualm. Welch schönes Fotomotiv, wenn das schwarze Stahlross im Frühling durch die gelben Rapsfelder braust!

Der Rasende Roland

Wer nach Rügen kommt, muss einmal mit dem Rasenden Roland fahren. Wo der Name herkommt, weiß keiner genau. Jedoch weiß man, wer den Namen mitbrachte. Mitte der 1950er-Jahre erholten sich sehr viele Bergleute aus dem erzgebirgischen Uranbergbau im Ostseebad Binz. Sie alle reisten mit dem Zug an und verliehen ihm den Namen: Roland, der Ruhmreiche. Leider kam der Zug nur auf eine Höchstgeschwindigkeit von 30 Kilometer in der Stunde, so konnte der Beiname der „Rasende“ nur spöttisch gemeint sein. Vielleicht konnten es die hart arbeitenden Bergleute nicht erwarten, endlich an die Küste zu kommen. Nichtsdestotrotz wurde und wird der Dampfzug geliebt, von Einheimischen wie Urlaubern gleichermaßen.

Die historische Schmalspurbahn fährt schon seit 1885 über die Insel und ist somit die älteste ihrer Art in Deutschland. Schnell wurde das Schienennetz bis auf fast 100 Kilometer ausgebaut und diente vor allem dem Güterverkehr. Auf verschlungenen Wegen ging es von Altefähr über Garz nach Putbus weiter nach Bergen und Binz. Haltestellen waren im ersten Abschnitt vor allem landwirtschaftliche Güter. Diese Strecke wurde 1967 eingestellt, erlebte zuletzt aber noch einen Filmauftritt im DEFA-Film „Heißer Sommer“. Heute ist die alte Bahntrasse ein beliebter Radweg. Die zweite Strecke führte von Bergen in den Norden über Patzig und die Wittower Fähre nach Altenkirchen bis nach Wiek, zeitweise auch zum Marinestützpunkt Bug bei Dranske. Auch diese Strecke wurde in den 1960er-Jahren eingestellt. Geblieben ist die älteste Strecke von Putbus über die Seebäder Binz, Sellin, Baabe und Göhren. Sie misst nur rund 24 Kilometer, ist aber ein fester Bestandteil des Nahverkehrsnetzes. Von Mai bis Oktober wird die Strecke noch bis zur Mole in Lauterbach erweitert. Betreiber ist seit Anfang 2008 die Eisenbahn-Bau- und Betriebsgesellschaft Pressnitztalbahn aus Jöhstadt in Sachsen.

Acht verschiedene Dampfloks aus den Jahren 1914 bis 1953 sind auf einer Spurweite von 750 Millimeter unterwegs. Die Bahnhöfe, meist Fachwerkbauten aus der Gründerzeit, sind heute schmuck saniert und in manchen gibt es sogar ein Restaurant. Besonders schön ist im Sommer die Fahrt mit einem offenen Waggon, mit Wind im Haar und dem Rauch der Dampflok in der Nase.

Sehr beliebt – der offene Waggon

Die Reise startet in der ehemaligen Residenzstadt Putbus, hier stehen auch die Lokschuppen sowie die Wagenwerkstatt. Weiter geht es durch die herrliche Insellandschaft zwischen Alleen, kleinen Dörfern, Wiesen und Feldern hindurch bis ins mondäne Ostseebad Binz. Danach führt die Strecke an der Granitz vorbei, man sieht das Jagdschloss und kann hier auch für eine kleine Wanderung aussteigen. Auf der anderen Seite liegt der Bodden, dann folgen die Ostseebäder Sellin und Baabe. Doch bevor man endgültig in Göhren, direkt an der Strandpromenade, ankommt, geht es nochmals durch den dichten Küstenwald. Aber bitte nicht aussteigen zum Pilze sammeln!

Im Sommer fährt die Bahn stündlich von Binz nach Göhren und zweistündlich nach Putbus sowie Lauterbach/Mole. In den letzten Jahren hat man sich auf der Insel viele umweltfreundliche Konzepte überlegt, vor allem zur Drosselung des Autoverkehrs. Dazu zählt auch das Angebot der Pressnitztalbahn, das Besuchern von Abendveranstaltungen die Gelegenheit bietet, bis kurz vor Mitternacht mit dem Rasenden Roland heimzufahren.

Sackbahnhof Göhren, ganz nah dran

Info

Lage: Der Rasende Roland fährt zwischen Lauterbach und Göhren.

Aktivitäten:

- Rügensche BäderBahn: Bahnhofstraße 14, 18581 Putbus, Tel. 038301 884014, *ruegensche-baederbahn.de*

Einkehr:

- Restaurant Kleinbahnhof Sellin: direkt auf dem Bahnsteig, nostalgische Bahnatmosphäre, frische norddeutsche Küche, Fisch, Fleisch, Vegetarisches, Süßes und Kindergerichte; An der B196 Nr. 3, 18586 Sellin, Tel. 038303 87971, *kleinbahnhof-sellin.de*
- Bavaria Island 1: Biergarten auf dem Bahnsteig Göhren, große und kleine regionale Gerichte, Events und Fußball schauen; Bahnhofstraße 2, 18586 Göhren, *bi1-goehren.de*

20 Ostseebad Göhren

SPASS FÜR DIE GANZE FAMILIE

Die Slawen nannten es „gorna", das bergige Dorf. 1165 wurde Göhren erstmals urkundlich erwähnt. Vorwiegend Fischer, Bauern und Lotsen lebten hier, bevor mit dem Anschluss an die Eisenbahn 1899 auch die ersten Badegäste kamen. Wie in anderen Seebädern auch, setzte um die Jahrhundertwende eine rege Bautätigkeit ein. Schneeweiße Villen im Stil der Bäderarchitektur säumen heute die kleinen Straßen, doch es gibt auch noch ältere Bauern- und Fischerkaten. In Göhren ging immer beides, hier war nie das große Chichi wie in Binz oder Sellin. Stattdessen avancierte Göhren zu einem der beliebtesten Familienbäder auf Rügen. Neuerdings ist es auch noch ein Kneipp-Kurort. Zwei lange Sandstrände mit 24 Aufgängen, insgesamt fünf Kilometer, laden zum Baden, Sonnen oder Sport treiben ein. Hier bricht man auf zu schönen Wanderungen oder Radtouren ins sagenhafte Mönchgut.

Göhren ist das größte Seebad auf dem Mönchgut, ein hervorragender Familienbadeort mit zwei Stränden und unzähligen Aktivitäten für Kinder, aber auch der erste Kneippkurort an der Ostsee.

Ankommen in Göhren heißt mit dem Dampfzug anreisen. Der Rasende Roland endet hier an einem Sackbahnhof, also genug Zeit, um die

Der Nordstrand

alten Stahlrösser mal aus der Nähe zu betrachten. Zwischen Bahn und Meer zieht sich ein riesiger Campingplatz durch den Küstenwald. Bereits 1965 standen hier die ersten Zelte. Inzwischen lässt die Regenbogen-Ferienanlage keine Wünsche offen, es gibt sogar ein Kino. Gleich daneben ist Göhren aktiv, zahlreiche Spiel- und Sportmöglichkeiten laden ein: Dünengolf, Bowlingbahn, Pro Boarding oder der Sportstrand Tiki Beach.

Alle Zeichen stehen in Göhren auf Sommer, Sonne, Strand. Keine 200 Meter hinter dem Bahnhof liegt schon die Seebrücke. Sie ist 280 Meter lang und wurde 1993 neu erbaut. Dort starten die Ausflugsschiffe täglich zur Kreideküste, nach Binz oder Sellin. Vor der Seebrücke verläuft die Bernsteinpromenade, durchgehend bis nach Sellin, insgesamt vier Kilometer lang und barrierefrei. Parallel dazu gibt es einen gut ausgebauten Radweg. Vor der Seebrücke liegt der Kurpark mit einem historischen Musikpavillon, wo es im Sommer täglich Konzerte gibt. Nicht weit davon wurde ein Kneippgarten angelegt – beim Wassertreten kann man direkt aufs Meer schauen.

Seebrücke Göhren

Göhren ist der einzige Kneippkurort Deutschlands an der Ostsee. Es gibt das Kur- und Wellnesscenter Mönchgut, aber auch zahlreiche Anwendungen in anderen Hotels. Die ganzheitliche Lehre des bayerischen Pfarrers und Naturheilkundlers Sebastian Kneipp (1821 bis 1897) beruht auf fünf Säulen: Balance, Ernährung, Pflanzen, Bewegung und Wasser. Der typische kalte Guss oder das Wassertreten zählen dazu, aber auch moderne Formen wie Yoga, Nordic Walking oder Pilates am Strand. Sehr zu empfehlen sind die Kräuterwanderungen mit Naturwart René Geyer (siehe Tipp 23). Etwas über gesunde Ernährung erfährt man von Peter Knobloch. Der Koch betreibt in seiner „Villa mit Sonnenhof" eine Kochschule und einen „Wohlfühlgarten" mit Blumen, Kräutern und Gemüse. In seiner Manufaktur stellt er Salze, Senf und Marmeladen her. Höhepunkt für Kneipp-Liebhaber sind die Gesundheitstage im September, auch mit dem Rekordversuch im Wassertreten, 1500 Teilnehmer wurden 2022 in Göhren angepeilt.

Einige historische Villen sollen nicht unerwähnt bleiben. Sie alle liegen oben auf dem Hügel wie die alte Villa Hanni (Katharinenstraße 6). Sie steht unter Denkmalschutz genau wie das benachbarte Rheinschlösschen (Katharinenstraße 5). Unweit davon wurde Villa Erika (Waldstraße 8) aus dem Jahr 1891 sehr schön saniert. Sie ist eines der drei Wolgasthäuser auf Rügen, die ersten Fertigteilhäuser der Welt. Baumeister war der Schiffbauer Heinrich Kraeft aus Wolgast. Wandert man weiter bergan von der Strand- in die Poststraße, findet man nicht nur schöne Geschäfte, Restaurants und Cafés, sondern auch in den Seitenstraßen noch einige beachtliche Villen. Eine zentrale Rolle für Göhren spielt das Heimatmuseum Göhren. Das typische Fischer- und Bauernhaus wurde 1850 erbaut. Die Mönchguter Museen werden heute durch einen Förderverein betreut, dazu gehört auch das Rookhus (Rauchhaus), es wurde bereits um 1700 gebaut und zählt somit zu den ältesten Gebäuden auf Rügen (siehe Tipp 15). Wie, wo und was man in Zukunft in Göhren bauen will, wird derzeit in der Gemeinde kontrovers diskutiert, weil hier das „unschöne" Bauen überhand nahm. 2021 drehte der

Villa Hanni

Berliner Regisseur Christoph Eder über seinen ehemaligen Heimatort einen Dokumentarfilm „Wem gehört mein Dorf?" Der Film lief recht erfolgreich, nicht nur in den Kinos auf Rügen.

Info

Lage: Göhren ist die östlichste Gemeinde Rügens. Sie liegt auf der Halbinsel Mönchgut im Südosten der Insel.

Aktivitäten:

- Abenteuer Dünengolf: beliebte, strandnahe Familienaktivität; Nordstrand 4 (links der Seebrücke), 18586 Göhren, Tel. 0172 4129791, *abenteuergolfnord.de*
- Tiki Beach: Sportstrand mit Beach-Volleyball, Beach-Soccer, Beach-Handball, Skimboarding, Beachparty mit Cocktails, Lagerfeuer, Grill; Nordstrand, Strandzugang 12/13, 18586 Ostseebad Göhren, *tiki-beach.de*
- Fahrrad Tilly: Fahrradladen und Verleih, auch Elektroräder, freundlich und zuverlässig. Schulstraße 7, 18586 Göhren, Tel. 038308 2240, *fahrrad-tilly.de*
- Haus des Gastes: Ticketservice, Rad- und Wanderkarten, Kneipp-Produkte, Kurbibliothek; Poststraße 9, 18586 Göhren, Tel. 038308 66790, *goehren-ruegen.de*

Unterkünfte und Wellness:

- Kneipp- und Wellnesscenter Mönchgut: im Akzent Waldhotel, Restaurant, Spa, Saunen, zahlreiche Anwendungen; Waldstraße 7, 18586 Göhren, Tel. 038308 50830, *hotel-wellness-ruegen.de*
- Wellness-Dorf Regenbogen Ferienanlage Göhren: 5-Sterne-Campingplatz mit Silencio Spa und Restaurant „Das Landhaus"; Am Kleinbahnhof, 18586 Göhren, Tel. 038308 90120, *regenbogen.ag/ferienanlagen/goehren.html*
- Villa mit Sonnenhof: Manufaktur von Peter und Christina Knobloch, Kochkurse, Hofladen; Friedrichstraße 8, 18586 Göhren, Tel. 038308 34094, *villa-mit-sonnenhof.de*

21 Wanderung um das Nordperd

DAS HORN VON RÜGEN

Die abwechslungsreiche Tour führt bei Göhren um das bewaldete Nordperd, den östlichsten Zipfel der Insel Rügen. Es ist eine schöne Wanderung zwischen Hochufer, Naturstrand und Badeparadies.

Treffpunkt ist das Brückenhaus vor der Seebrücke in Göhren, das sind keine 200 Meter vom Bahnhof entfernt. Entspannt geht es in östlicher Richtung über die Bernsteinpromenade, vorbei am Kurpark bis zum Restaurant Seaside. Dahinter führt ein ausgeschilderter Wanderweg in die Höhe. Das Nordperd ist eine 1,5 Kilometer lange bewaldete Landzunge, die bis zu 60 Meter über dem Meeresspiegel liegt, ein Teilbereich des Naturschutzgebietes Mönchgut. Um eine kleine Schlucht herum führt der Weg erst einmal immer weiter steil nach oben. Zwei Treppen mit je 30 Stufen sind zu bewältigen. Hat man erst einmal Höhe gewonnen, wird der Weg relativ eben, ein schöner Waldweg, der dicht am Hochufer entlangführt. Bitte nicht über die Absperrungen treten, denn am Hochufer gibt es immer wieder Abbrüche! Besonders gefährlich ist es bei Regen, Frost oder nach einem Sturm. Die Hänge bestehen aus Geschiebemergel und Lehm, welche bei Feuchtigkeit aufquellen und dann ins Rutschen kommen.

Weg zum Nordperd

Bei den nächsten zwei Weggabelungen ist das Nordperd immer gut ausgeschildert. Es bieten sich beeindruckende Ausblicke und bald schon sieht man, 350 Meter vom Ufer entfernt, den großen Buskam. Der Stein ist mit 550 Tonnen der größte Findling an der deutschen Ostseeküste, aber nur zu einem Drittel zu sehen. Der Name leitet sich vom Slawischen „bogies kamien" ab, was Gottesstein bedeutet. Kleine Einbuchtungen deuten daraufhin, dass der Stein bereits zur Bronzezeit als Kultstätte diente, damals lag er aber noch an Land. Heute sonnen sich vor allem die Kormorane darauf.

Blickt man nach Norden, sieht man das Steilufer von Sellin, bei klarem Wetter sogar die Stubbenkammer. Südlich zeichnet sich schon die Steinmole ab, die sich eng um das Nordperd schmiegt. Sie wurde als Uferschutz 1903 bis 1908 angelegt. Damit gelang es zwar die Abtragungen an der Landzunge zu verhindern, aber links und rechts greift jetzt des Meer umso stärker an, an manchen Stellen verliert das Ufer bis zu 20 Zentimeter im Jahr. Am äußersten Ende gleicht das Nordperd einem Löffel, dessen Stiel immer schmaler wird. Ein Rundweg führt oben um das Perd herum, es ist die Kernzone des Naturschutzgebietes. Der Hang ist dicht bewachsen mit Bergahorn und Eschen, sodass man die Steinmole weit unten am Ufer kaum sehen kann.

Blick zum Nordperd

Alter Salzweg

Weiter führt der Weg nun Richtung Südstrand. Wo der Wald sich lichtet, findet man einen schönen Rastplatz mit Hinweistafeln zum Küstengeschehen, toll ist der Ausblick zum Lobber Ort. Über die asphaltierte Hövtstraße geht es weiter bis zum Salzweg, auf Platt „Soltwech", welcher tief hinunter in die Salz-Schlucht führt. 1816 ließ die Preußische Regierung hier eine Heringssalzerei mit einem Salzhaus errichten, später war es ein Fischerschuppen und heute ist nur noch der Name geblieben. Der Strand jedoch ist sehenswert, wild und schön, ein Naturstrand mit großen Steinen und unendlich vielen

Kormoranen. Nach jedem Tauchgang hat sich ihr Gefieder mit Wasser vollgesogen, danach breiten sie ihre Flügel weit aus zum Trocknen. Sonne und Wind, aber auch ein kräftiger Flügelschlag helfen die Nässe abzuschütteln. Etwas weiter sieht man Reste der alten Schwedenbrücke. Sie wurde 1813 von der schwedischen Regierung zur Ausschiffung von Soldaten und Kriegsgerät erbaut und war 280 Meter lang. Noch bis 1859 legten hier die Göhrener Lotsen an.

Weg zum Nordperd

Die Wanderung geht weiter am Strand entlang, zwischen Steinen hindurch bis zum ehemaligen Fischerstrand von Göhren. Der Strand wird nun breiter, denn all der Sand, der am Steilufer verschwindet, landet hier wieder an. Der Südstrand ist ein beliebtes Badeparadies, etwas ruhiger als der Nordstrand. An der Thiessower Straße liegt das 1906 erbaute Museumsschiff Luise, aus Geldmangel seit 2014 leider kein Museum mehr.

Hügelgrab

Kirche auf dem Speckbusch

Rechts, hinter der Küste, führt ein kleinen Feldweg hoch zum Hügel des Speckbuschs mit dem jüngsten Kirchenbau von Mönchgut aus dem Jahr 1930. Interessant sind die farbigen Glasfenster, ein Votivschiff sowie eine Kreuzigungsgruppe auf dem Altar: Maria und Josef als Fischerpaar in Mönchguter Tracht aus der Werkstatt des Tiroler Figurenschnitzers Ferdinand Stufflesser. Neben der Kirche findet man ein bronzezeitliches Hügelgrab. Der Name Speckbusch soll vom mittelalterlich Wort „Specken“ oder „Spicken“ herrühren, als man Holz aus dem Wald „spickte“. Der gesamte Hügel war mal bewaldet. Heute stehen Bänke neben ein paar mächtigen Eichen. Sie laden zum besten Blick auf das Mönchgut ein. Zurück geht es über die Neue Kirchstraße, die Post- und die Strandstraße.

Info

Lage: Das Nordperd liegt im östlichen Teil von Göhren.

Aktivitäten:

- Wanderung: sechs Kilometer, mittelschwer, nicht barrierefrei, z. T. Treppen, unbefestigte Waldwege und Naturstrand, jedoch für Kinder ab fünf Jahren gut zu bewältigen.
- Haus des Gastes: Ticketservice, Rad- und Wanderkarten, Kneipp-Produkte, Kurbibliothek, Poststraße 9, 18586 Göhren, Tel. 038308 66790, *goehren-ruegen.de*

Einkehr:

- Seaside im Strandhaus 1: Restaurant & Beach Bar direkt am Strand, Fisch, Steaks, Pasta; Nordstrand 1, 18586 Göhren, Tel. 0151 20555253, *seaside-strandhaus1.de*
- Die Räucherei: die besten Fischbrötchen vor Ort, auch Suppen und leckerer Backfisch, Terrasse, Bahnhofstraße 1, 18586 Göhren, Tel. 038308 34043, *dieraeucherei-goehren.de*
- Café Habecks: Flammkuchen, Suppen, tolle Torten; Wilhelmstraße 1, 18586 Göhren, Tel. 0172 7330708, *cafe-habecks.de*

Unterkünfte:

- Hotel Stranddistel Garni: nettes, familiengeführtes Traditionshaus, Zimmer mit Seeblick, Sauna, Fastenwanderungen, Mitsegelmöglichkeit; Hotel Stranddistel, Katharinenstraße 9, 18586 Göhren, Tel. 038308 5450, *goehren-hotel.de*
- Travel Charme Nordperd & Villen: tolle Lage, Spa, große Sonnenterrasse mit Meerblick, Restaurant „Nordstrand"; Nordperdstraße 11, 18586 Göhren, Tel. 038308 70, *travelcharme.com/hotels/nordperd-goehren*
- Vju Hotel Rügen: Edles Hotel, Restaurant „Strandläufer", Wellness & Spa, Sportkurse; Nordperdstraße 2, 18586 Göhren, Tel. 038308 515, *vju-ruegen.de*

22 Im Herzen von Mönchgut

ALT REDDEVITZ, MIDDELHAGEN, LOBBE

Naturnahe Radrunde vom Baaber Bollwerk nach Göhren über Alt Reddevitz, Reddevitzer Höft, Middelhagen und Lobbe: Badesachen, Wasserflasche und Sonnencreme nicht vergessen!

Es ist vielleicht die eindrucksvollste Radtour auf Rügen, mit sagenhaften Ausblicken und schönen Naturerlebnissen. Der Weg führt zwischen kleinen Dörfern, Wiesen und Hügeln, immer wieder am Bodden entlang. Das Mönchgut offenbart hier seinem ursprünglichsten Charakter.

Los geht es in Baabe am Bahnhof. Direkt hinter dem P+R Parkplatz beginnt ein Radweg, der südlich immer an der Baaber Bek entlangführt bis zur Bollwerkstraße. Dort bietet sich ein wunderschöner Blick auf die Moritzburg. Linker Hand vor dem Hotel Solthus geht der Weg ab und führt durch üppige Wiesen auf den Fliegerberg. Dort heißt es strampeln oder schieben, ganze 13 Prozent Steigung sind angesagt. Wenn man Glück hat, blüht auf dem „Balkon von Mönchgut" quietschgelb der Ginster. Der Fliegerberg ist 44 Meter hoch und bietet einen Picknickplatz mit Blick auf die Having und den Bodden. Überall ist dieses Blau zu sehen, es glitzert in allen Schattierungen, nur durchbrochen von weißen Segeln. Jetzt nochmals Bremsen prüfen, dann geht es steil die Dorfstraße hinunter und gleich rechts ab zur Reddevitzer Höft auf den Plattenweg. Vier Kilometer misst die schmale Landzunge. An der Spitze ragt ein großer Findling aus dem Wasser.

Gleich am Eingang lebt Doris Teutenberg, eine Apfelbäuerin in dritter Generation. Sie bewirtschaftet eine drei Hektar große Plantage, züchtet alte Apfelsorten. Berühmt ist ihr weißer Klarapfel, ein stark duftender Sommerapfel, der hellgrün leuchtet. Ihr Großvater brachte ihn vor mehr als 70 Jahren aus Riga mit. Gleich daneben ist die Störtebeker Brennerei, wo es Whisky, Liköre und Obstbrände gibt, eine Führung ist buchbar. Fährt man auf dem Plattenweg weiter, liegt rechts die Having und links die Hagensche Wiek, dahinter sieht man die Zicker Berge. Am Ende angekommen, führt eine Treppe hinab zum steinigen Strand. Den gleichen Weg geht es später wieder zurück nach Alt Reddevitz, dort folgt man dem Wegweiser nach Middelhagen, vorbei am Café „Moccavino" mit den leckeren Torten.

Kirche In Middelhagen

Idyllisch führt der Radweg an der Hagenschen Wiek entlang durch das Naturschutzgebiet Schafberg. Hier duftet es nach wildem Thymian, während ein angenehmes Lüftchen vom Wasser herüberweht. Zu bewundern sind immer wieder sehr alte reetgedeckte Bauernhäuser. Weithin sichtbar ist schon die Katharinenkirche von Middelhagen. Sie wurde 1455 erbaut, innen leuchtet der Katharinenaltar von 1480. Im Winter leben knapp 200 Menschen in Middelhagen, im Sommer rund zehnmal so viele. Jeder Weg heißt Dorfstraße, egal wohin er führt, zum Beispiel zum Schulmuseum, wo man Nachsitzen darf wie „anno dunnemals", oder „Zur Linde", dem ältesten Gasthof von Rügen. Der Wirt Steffen Leistert betreibt eine eigene Brauanlage: Bier brauen, wie es die Mönche hier schon 1450 taten, als der Dorfkrug erstmals Erwähnung fand. Schräg gegenüber findet man das kunterbunte Keramikhaus von Thom Wilcke mit fantasievollen Töpferkreationen.

Südlich von Middelhagen führt ein gut ausgebauter Radweg neben der L292 entlang. Das nächste Ziel ist der beliebte Badeort Lobbe. Unterwegs kommt man an einem denkmalgeschützten Windschöpfwerk aus dem Jahr 1920 vorbei. Es diente früher zur Entwässerung der Wiesen. Danach sieht man schon das Meer. Lobbe ist bekannt für seinen kilometerweiten feinen Sandstrand bis nach Thiessow. Gemütliche Restaurants, Strandbars oder das Mönchguter Fischbüdchen sorgen für das richtige Urlaubsflair. Nördlich liegt der Lobber Ort, ein fast 20 Meter hohes Kliff. Über die Südstrandstraße geht es dann Richtung Norden bis ins Ostseebad Göhren. Den Berg hochstrampeln, durch die Göhrener Shoppingmeile radeln, hinunter zum Bahnhof. Zurück nach Baabe geht es mit dem Rasenden Roland.

Info

Lage: Die Halbinsel Mönchgut liegt im Südosten Rügens.

Aktivitäten:

- Radtour: Start/Ziel ist der Baaber Bahnhof mit Parkplatz P+R, etwa 25 Kilometer, leichte Radstrecke auf überwiegend befestigten Wegen, gut ausgeschildert, mit einigen Steigungen.
- Schulmuseum Middelhagen: 1825 erbaute Dorfschule mit Lehrerwohnung, Museum und historische Schulstunden; Dorfstraße 23, 18586 Ostseebad Mönchgut OT Middelhagen, Tel. 038308 2478, *ruegen-museen.de/museum/schulmuseum-middelhagen/*
- Bio-Obsthof Naturparadies Teutenberg: Anbau von Bio-Äpfeln, Hofladen; Alt Reddevitz 35, 18586 Mönchgut, Tel. 0177 4577611, *naturparadies.info*
- Störtebeker-Brennerei: Führungen, Laden; Alt Reddevitz 36, 18586 Mönchgut, Tel. 038308 34105, *stoertebeker-whisky.com*
- Tourist-Information Middelhagen: Dorfstraße 4,18586 Ostseebad Mönchgut, Tel. 038308 66010, *ostseebad-moenchgut.de*

Einkehr und Unterkünfte:

- Moccavino: Torten, Flammkuchen und Wein, Terrasse mit Boddenblick; Alt Reddevitz 18a, 18586 Middelhagen, Tel. 038308 66336, *moccavino.com*
- Hotel und Landgasthof Zur Linde: ältester Gasthof Rügens, regionale Küche, eigene Rösterei und Braumanufaktur; Dorfstraße 20, 18586 Middelhagen, Tel. 038308 5540, *zur-linde-ruegen.de*
- Lindenhof mit Pokenstuw: das Bauerngehöft von 1574 mit Ferienwohnungen bietet Rügenprodukte, Fischbrötchen, Kaffee und Kuchen; Alt Reddevitz 19a, 18586 Middelhagen, Tel. 038308 6680, *ruegentypisch.de*
- Gasthof Zum Walfisch: schöne Zimmer, gemütliches Restaurant: Lobbe 32, 18586 Mönchgut, Tel. 038308 25467, *walfisch-ruegen.de*

23 Über die Zicker Berge

UNTERWEGS MIT DEM NATURFÜHRER

Die Natur mit allen Sinnen genießen: Riechen, Fühlen, Schmecken. Das ist Teil einer ganz besonderen Erlebniswanderung mit Naturführer René Geyer über die Halbinsel Groß Zicker.

Seit vielen Jahren engagiert sich der gebürtige Rüganer als Naturschutzwart und Bodendenkmalpfleger im UNESCO-Biosphärenreservat Südost-Rügen. René weiß nicht nur (fast) alles über die Pflanzen und Tiere, er kennt auch viele Sagen, Mythen und Geschichten aus der Region.

Los geht es im Örtchen Groß Zicker. Bei einem kleinen Spaziergang entlang der Boddenstraße kommt man am Pfarrwitwenhaus aus dem Jahr 1720 vorbei, einem der ältesten Häuser von Rügen. Es gehört zu den sieben Mönchguter Museen und beherbergt im Sommer wechselnde Ausstellungen. Am Ende der Straße steht der Gasthof Taun Hövt. Dort ist der Treffpunkt am Schlagbaum. Die Räder hier bitte abstellen, denn Radfahren im Naturschutzgebiet „Zicker Berge" ist streng verboten.

René Geyer stützt sich auf einen riesigen, selbst geschnitzten Wanderstab und erklärt: „Seit 1990 hat dieses Land keine Chemiekeule mehr gesehen." Davor war es lange anders. Die Landschaft mit ihren sanften Hügeln ist in der letzten Eiszeit entstanden. Sie besteht vor allem aus Buschwerk und Trockenrasen, der eine überaus seltene Artenvielfalt besitzt. Schon als kleiner Junge sprang René hier über die Wiesen, hat sich in die Äste einer alten Eiche gesetzt, Waldkauz und Pirol gelauscht. Der einzige Rehbock der Gegend heißt bei ihm immer noch Friedrich. Im Frühjahr sind die Wiesen voller Schlüsselblumen, im Sommer blühen Orchideen und im Herbst leuchtet die blaue Wegwarte. Seltener sind Sandstrohblume, Schwalbenwurz oder Acker-Wachtelweizen. René zeigt sie den Besuchern, zerreibt so manches Kraut mit den Fingern und lässt sie daran schnuppern. Aus manchen lassen sich Salben, aus anderen sogar Magenbitter herstellen. „Einst lebten hier die witten Wiwer," erzählt der Naturführer, „weder in anderen Teilen Rügens noch in Vorpommern waren sie zu Hause." Die „witten Wiwer" waren kleine schneeweiße Erdgeister mit kurzen Röckchen und langen Bärten. Sie wohnten am Swantegard in Höhlen und warnten die Bewohner vor Unheil. Manch einem sollen sie noch bis in die jüngste Zeit erschienen sein; auch die kleinen Kreidemännchen sehen ja weiß aus.

Das Pfarrwitwenhaus

Naturführer René Geyer

Die Rasenmäher von Rügen

Die Wanderung geht jetzt weiter zum Bakenberg, mit 69 Meter die höchste Erhebung der Halbinsel. Hier bekommt man einen schönen Blick auf die Boddenlandschaft, den man so schnell nicht vergisst. Wo kein Gras mehr ist, sind die Schafe, Rauhwollige Pommernschafe. Sie sind die Rasenmäher von Rügen. Die Rasse gab es schon vor 3800 Jahren, aber in den 1980er-Jahren waren sie fast ausgestorben. Angefangen mit 25 Tieren hat Joachim Westphal, nach der Wende wechselte er den Beruf, vom Bauingenieur zum Schäfer. Heute hat sein Sohn Frank rund tausend Pommernschafe. Sie übernehmen inzwischen die Landschaftspflege nicht nur auf Groß Zicker. Nur so bekommen seltene Pflanzen genug Licht, die ziehen wiederum zahlreiche Insekten an und davon leben dann Bodenbrüter wie die Schafstelze. Die Pommernschafe liefern außerdem noch ihre Wolle für ein junges, erfolgreiches Start-up, die „Nordwolle Rügen". Die Betreiber verarbeiten alles zu hochmoderner Outdoorkleidung, die sogar der Polarforscher Arved Fuchs trägt.

René Geyer empfiehlt am Schluss der Wanderung: „Gehen Sie mal ins Grauland! Groß Zicker liegt ja im Sonnenland, dort leben die Zickerschen und dort steht die Kirche, zu der auch die Gagerschen gehen, die im Grauland wohnen, im Schatten der Hügel." Die Gagerschen wohnen in einem kleinen Fischerdorf auf der Nordseite und auch hier ist viel passiert in den letzten Jahrzehnten. Militärunterkünfte, Blechgaragen und eine abgedankte Bootswerft sind verschwunden, stattdessen stehen da schmucke Ferienhäuschen, ein Jachthafen und eine Strandbar. Die Attraktion aber sind die kleinen Fischerhäuschen im Hafen. Ab zehn Uhr laufen die Kutter mit fangfrischem Fisch ein, der wird direkt an die Kundschaft verkauft. Leider sind von den einst 121 Mitgliedern der Fischereigenossenschaft Gager nur noch vier übrig. Einer davon ist Thomas Koldevitz und der erklärt den Besuchern gern, wie Fischfang heute auf Rügen funktioniert.

Info

Lage: Die Zicker Berge sind Teil des Biosphärenreservats Südost-Rügen im Südosten der Insel.

Aktivitäten:

- Geführte Wanderung mit René Geyer: leichter Rundwanderweg von und nach Groß Zicker etwa sieben Kilometer; *naturgeyer.de*
- Weitere Naturwanderungen: *www.biosphaerenreservat-suedostruegen.de*
- Schiffstouren auf den Greifswalder Bodden, Rubbentouren, Abendfahrten, Fahrradfähre nach Usedom: ab Hafen Gager, *boddenreederei-ruegen.de*
- Fischereibetrieb Thomas Koldevitz & Florian Koldevitz: frischer Fisch direkt vom Kutter; Am Hafen, 18586 Gager, Tel. 038308 30162, *myfish-ostsee.de/person/thomas-koldevitz.html*

Einkehr:

- De Wienkist: Flammkuchen, Tapas, leckere Weine; Boddenstraße 16, 18586 Gager OT Zicker, Tel. 0151 46247065
- Fischräucherei Dumrath: Fischbrötchen und Räucherfisch. Boddenstraße 25, 18586 Gager OT Groß Zicker, Tel. 038308 30004

Unterkünfte:

- Taun Hövt: Appartements und Restaurant mit regionaler Küche; Boddenstraße 61, 18586 Gager OT Groß Zicker, Tel. 038308 5420, *taun-hoevt.de*
- Pension Fröhlich: gutes Preis-Leistungs-Verhältnis; Zum Höft 33, 18586 Gager, Tel. 038308 8250, *pensionfroehlich.de*

24 Zwischen Klein Zicker und Thiessow

SCHÄTZE AM BODDEN

Es ist eine der schönsten Wanderungen auf Rügen: der Naturlehrpfad mit zehn Erlebnisstationen an der südöstlichen Spitze von Rügen. Auf sieben Kilometern sieht man eine unglaublich abwechslungsreiche Landschaft mit Steilufer, Strand und Salzwiesen.

Klein Zicker

Den Start kann man flexibel wählen. Empfehlenswert ist ein Anfang im Dorf Klein Zicker, auf der gleichnamigen Halbinsel, die zum Ostseebad Thiessow im Biosphärenreservat Südost-Rügen gehört. Beim Imbiss am Bodden geht es an den Strand. Bei sonnigem und warmen Wetter ist es besonders schön und auch angeraten. Wie automatisch läuft man unterhalb der kleinen Steilküste entlang. Eine Menge Steine liegen hier, es ist kein Strand zum Baden, aber eine atemberaubend schöne Landschaft. An den hohen Lehmwänden brüten Uferschwalben. Die Weite des Greifswalder Boddens ist zauberhaft. Viele Menschen sind hier nicht unterwegs und schnell wird klar warum: Hier gibt es Abbrüche! Lehm- und Gesteinsbrocken türmen sich zu kleinen Hindernissen auf. In den Wänden stecken riesige Steine, die vor Jahrtausenden durch das Gletschereis mitgeschleift wurden. Wenn die herunterkommen, ist es kein Spaß. Gerade in den kälteren und feuchten Monaten sollte man nie unterhalb der Steilküste wandern.

Doch diesmal ist alles im grünen Bereich, schon nach 800 Metern ist eine kleine Treppe erreicht. Oben angekommen steht man am Ende des Fischerdorfes Klein Zicker mit reetgedeckten Fischerhäusern und einladenden Lokalen. Im 18. Jahrhundert gab es auf der Halbinsel eine Schwedenschanze, später wollten die Schweden hier die Hafenstadt Gustavia erbauen, ließen die Pläne aber fallen. Zur DDR-Zeit gehörte das Areal dem sowjetischen Militär. 45.000 Kubikmeter Schutt mussten nach der Wende abgefahren werden. Es wurde Trockenrasen ausgesät, heute ein artenreicher Magerrasen, der von Schafen kurzgehalten wird. Auf dem kleinen Rundwanderweg über die Halbinsel gibt es dazu Informationstafeln, nördlich sieht man die Halbinsel Groß Zicker.

Weiter geht es über den schmale Damm in Richtung Thiessow. Auf der einen Seite liegt der Bodden, auf der anderen liegen die Salzwiesen, Lebensraum vieler Wiesenbrüter. Der lange Flachwasserstrand ist ganzjährig ein beliebtes Stehrevier für Surfer, Kiter und Seekajakfahrer. Hier weht ein ordentlicher Westwind.

Der Weg führt durch den kleinen Kurpark zum Endhaken, dem südlichsten Zipfel der Insel Rügen. Auch Kap Hörnchen genannt, wegen seiner Untiefen, der Stürme und Strömungen. Ein Geheimtipp ist der schöne Naturstrand, besonders geeignet für Kinder, sehr flach, nie zu voll.

Thiessow war einst Sitz des Königlich-Preußischen Lotsenkommandeurs. 36 Meter geht es hinauf auf den Lotsenberg und dann elf Meter hoch auf den Lotsenturm. Allein für diesen Blick hat sich jede Reise gelohnt. Gleich gegenüber liegt die Insel Usedom. Weiter links sieht man die Greifswalder Oie, die östlichste deutsche Insel. Hier wurden 1937 bis 1945 die Raketenversuche mit der A3, A4 und A5 durchgeführt. Danach waren dort die „DDR-Grenzbrigade Küste" sowie der VEB Bienenwirtschaft mit der staatlichen Königinnenzucht stationiert. Heute dient die Insel dem Vogelschutz. Nur 50 Besucher dürfen täglich auf die Oie, Baden oder privater Bootsverkehr sind nicht erlaubt.

Hinunter geht es wieder zum Ostseebad Thiessow mit seinen kleinen Fischer- und Lotsenhäusern. Von drei Seiten ist der Ort vom Wasser umgeben. Der wunderbar feine Sandstrand, der sich bis zum Nordperd von Göhren hinzieht, ist fast zehn Kilometer lang. Doch in Thiessow geht alles ohne große Aufregung, es gibt kein Schaulaufen, nur ein paar bunte Strandkörbe, ein nettes Strandcafé und eine kleine Promenade mit Imbissbuden. Ein Geheimtipp für alle, die nur Baden wollen. Wussten Sie eigentlich, dass Strandhafer bis zu fünf Meter tief wurzeln kann? Wir sind noch immer auf einem Naturlehrpfad und auf Schautafeln gibt es Hinweise, warum man dieses eher unscheinbare Gras überall an der Küste findet.

Letztes Ziel ist der Hafen von Thiessow am Bodden, dort findet in den Sommermonaten zweimal in der Woche der beliebte Rügen-Markt statt, mit regionalen Spezialitäten, traditionellem Handwerk und vielen Künstlern.

Info

Lage: Klein Zicker und Thiessow liegen am südlichen Ende der Halbinsel Mönchgut im Südosten Rügens.

Aktivitäten:

- Wanderung: leicht, sieben Kilometer, mit Einkehr drei Stunden, Badesachen, Sonnencreme nicht vergessen, Gastronomie vorhanden.
- Rügen-Markt: Rügens schönster Markt mit bis zu 100 Ständen mit Kunsthandwerk, regionalen Produkten, Souvenirs, Mode; Dampferweg 1, 18586 Thiessow, *ruegen-markt.de*
- Kurverwaltung: Hauptstraße 36, Thiessow, 18586 Ostseebad Mönchgut, Tel. 038308 66010, *ostseebad-moenchgut.de*, *thiessow.net*

Einkehren und Unterkünfte:

- Zum trauten Fischerheim: Historische Gastwirtschaft (seit 1904) mit Pension, tolle regionale Fischgerichte, Hering satt und schöne Terrasse mit Strandkörben; Dörpstrat 15, 18586 Mönchgut OT Klein Zicker, Tel. 038308 30152, *kleinzicker.com*
- Mönchguter Fischerklause: frisch vom Fischer, einfach, rustikal, hausgemacht, Restaurant, Feinfischräucherei und Matjesmanufaktur; Hauptstraße 48, 18586 Ostseebad Thiessow, Tel. 038308 30397, *moenchguter-fischerklause.de*
- Strandcafé Thiessow: direkt am Strand mit großer Terrasse. Waffeln, Pommes, Backkartoffeln und üppige Eisbecher; Strandpromenade 1, 18586 Thiessow, Tel. 038308 8345

Die Granitz,
Binzer Bucht und
Schmale Heide

Seebrücke Sellin

Die Granitz, Binzer Bucht und Schmale Heide

25. Ostseebad Sellin: Familienbad mit Seebrücke
26. Seefahrerhaus Sellin: der Silberschatz von Rügen
27. Die Granitz: den Waldgeistern auf der Spur
28. Jagdschloss Granitz: die Krone Rügens
29. Großsteingräber bei Lancken-Granitz: Zeugen der Geschichte
30. Ostseebad Binz: weiße Villen am Strand
31. Entlang des Schmachter Sees: Ruhe hinter dem Strand
32. Koloss von Prora: auferstanden aus Ruinen
33. Naturerbe Zentrum Rügen: über den Wipfeln schweben
34. Feuersteinfelder bei Mukran: das Steinerne Meer

96
E22
96
Staphel
34
Neu
Mukran
29
Kleiner
Jasmunder
Bodden
Ostsee
Prora
33
32
293
Rügen
Lubkow
Streu
Kiekut
30
31
Binz
Dalkvitz
Zirkow
27
Schmacht
196
29
28
25
26
Pantow
Serams
Viervitz
Sellin
196
Lancken
Granitz
Nistelitz
29
29
Neuensien
196
Nadelitz
Vilmnitz
Seedorf
Rügischer
Bodden
Having
292

25 Ostseebad Sellin

FAMILIENBAD MIT SEEBRÜCKE

Das Ostseebad Sellin liegt landschaftlich sehr reizvoll, eingebettet zwischen Selliner Forst und dem großen Wald, der Granitz. Die Ortslage ist teilweise bergig, im Norden begrenzt durch Steilufer und Meer, im Süden durch den Selliner See mit den Ortsteilen Moritzdorf und Altensien. Hauptschlagader ist die 800 Meter lange Wilhelmstraße mit zahlreichen Hotels, Restaurants, Cafés und Geschäften. Dicht an dicht stehen hier die schönsten Villen im Bäderstil bis hin zur Seebrücke. Außerdem kann Sellin gleich zwei breite Sandstrände vorweisen: den Hauptstrand und den Südstrand Richtung Baabe.

Sellin ist das zweitgrößte Seebad der Insel, mit direktem Zugang zur Granitz und zwei wundervollen Sandstränden. Hauptattraktion ist die große Seebrücke, dorthin führt die Wilhelmstraße, eine Flaniermeile mit prächtigen, historischen Villen.

Auch Sellin war früher nur ein kleines Fischer- und Bauerndorf. Dieses befand sich am Selliner See. Dort wo heute die Wilhelmstraße verläuft, führte einst der „Grüne Steg" durch eine Waldschlucht. Kaum mehr als ein Waldweg, der aber, genau wie die Granitz, dem Fürsten zu Putbus gehörte. Sein Traum war ein Seebad am Meer und der wurde schon bald Wirklichkeit. Mit der Erweiterung der Eisenbahnstrecke nach Sellin kamen

Villa Fernsicht

1896 auch immer mehr Sommerfrischler. An der Wilhelmstraße, benannt nach Wilhelm Fürst zu Putbus, wurde zunächst eine Allee gepflanzt, und 1906 richtete man ein Gemeindewarmbad ein. Das Wasser wurde direkt aus dem Meer gepumpt. Heute ist dort die Kurverwaltung. Später gab es ein streng getrenntes Damen- und Herrenbad. Erst ab 1922 war das gemischte Freibaden erlaubt. Als erstes Haus an der Wilhelmstraße wurde 1895 das Hotel Wilhelm (Nr. 27) gebaut, das spätere Kurhaus. Heute eher ein schlechtes Beispiel für eine behutsame Stadterneuerung. Nachdem das historische Kurhaus, in der DDR Hotel „Frieden", heruntergewirtschaftet war, wurde es 1994 abgerissen. Sechs Jahre später stand dort ein doppelt so großes Hotel. Doch kaum zwanzig Jahre danach kam auch für dieses Haus die Abrissbirne. Noch größer, noch höher wollte man bauen. Bei Kapitalanlegern bewarb man eine gigantische Appartementanlage mit Blick auf die Seebrücke.

Als die 1998 neu gebaut wurde, war die Freude wesentlich größer bei den Sellinern. Die Seebrücke Sellin ist ein richtiges Schmuckstück, für viele neben dem Königsstuhl das Wahrzeichen von Rügen. Die erste Brücke von 1906 war gut 500 Meter lang, allerdings durch Packeis relativ schnell wieder zerstört. Die aktuelle Seebrücke misst 394 Meter und orientiert sich an der Nachfolgerin aus dem Jahr 1925 mit verspielten Türmchen und Seitenpavillons. Auf der großen Plattform gibt es drei Restaurants, am Brückenkopf befindet sich die größte Tauchgondel Europas und gleich daneben legen die Dampfer an.

Um wieder zur Wilhelmstraße zu gelangen, steigt man die „Himmelsleiter" 99 Stufen hinauf oder nimmt den Fahrstuhl. Die ersten Häuser von Sellin wurden auf einem bis zu 30 Meter hohen Steilufer erbaut. Links und rechts der Straße geht es noch einmal steil bergauf, so konnte man wenig in die Breite bauen. Direkt am Hochufer legte man terrassenförmige Parkanlagen mit Bänken an, ein sehr schöner Ort zum Verweilen. Weiter geht es dort zum neuen Kurpark auf den Friedensberg. Es soll ein germanischen Thing-Platz gewesen sein, dem magische Kräfte zugesprochen wurden. Jetzt ist dort ein Ort der Achtsamkeit, Entspannung und Meditation mit einigen Mitmachstationen.

Wer es quirliger mag, schlendert über die 800 Meter lange Wilhelmstraße mit den wunderschön sanierten Bädervillen, die meisten sind in der Zeit um 1900 entstanden. 1915 wohnte Albert Einstein im Haus Johanneshorst (Wilhelmstraße 7), gleich daneben steht das Haus Arkona (Nr. 8) mit schönen Jugendstil-Verzierungen. Das Haus Waldfrieden (Nr. 5) gehörte einmal einem Kapitän, der im Sturm ertrank. Kunstvolle Balkone haben auch das Haus Sonneneck (Nr. 10) oder die Villa Fernsicht (Nr. 41). Etwas ganz Besonderes ist die Villa Finja (Nr. 35) im Stil eines skandinavischen Blockhauses. Jedes Haus hat hier seine Geschichte, darum unbedingt eine historische Ortsführung buchen!

Kaysa

Über einen Hochuferweg durch den Selliner Forst kommt man zum schönen Südstrand. Ein echter Familienstrand mit einer riesigen Wasserrutsche, auch gibt es eine sehr gute, unaufgeregte Gastronomie mit direktem

Meerblick. Am Steilufer steht die Kaysa (griech.: die Reine), eine 1,68 Meter große Bronzeskulptur des Künstlers Thomas Jastram. Die Promenade führt vom Südstrand 1,5 Kilometer barrierefrei bis Baabe. Im Süden liegen das Spaßbad Ahoi und der neu ausgebaute Hafen Sellin mit einem Schiffsanleger.

Lage: Sellin liegt nördlich der Halbinsel Mönchgut, etwa 20 Kilometer östlich von Bergen.

Aktivitäten:

- Selliner Tauchgondel: Sie ist die größte Tauchgondel Europas, vier Meter geht es unter die Wasseroberfläche, Tauchfahrten dauern jeweils 30 bis 40 Minuten; Wilhelmstraße 25, 18586 Sellin, Tel. 038303 92777, *tauchgondel.de*
- AHOI Bad: großes Erlebnisbad, innen und außen, mit Sauna, Rutschen, Park, Restaurant; Badstraße 1, 18586 Sellin, Tel. 038303 1230, *ahoi-ruegen.com*
- Schiffstouren: vom Schiffsanleger Seebrücke oder vom Bodden-Hafen: *adler-schiffe.de*, *weisse-flotte.de*
- Kurverwaltung Sellin: Warmbadstraße 4, 18586 Ostseebad Sellin, Tel. 038303 160, *ostseebad-sellin.de*

Einkehr:

- Seebrücke Sellin: Seebrücke 1, 18586 Ostseebad Sellin, Tel. 038303 929600, *seebrueckesellin.de*
- Kleine Melodie: direkt am Südstrand Restaurant mit Fisch, Fleisch, Pasta, Terrasse, Imbiss; Südstrandpromenade 3, 18586 Sellin, Tel. 038303 85616, *kleinemelodie.net*

Unterkunft:

- Hotel Waldfrieden: familiengeführtes Haus in zweiter Generation, wunderschöne, weiße Villa, 1907 im Bäderstil erbaut, Restaurant „Zur Kajüte“ mit umfangreicher Fischkarte; Wilhelmstraße 5, 18586 Sellin, Tel. 038303 8930, *hotel-waldfrieden-ruegen.de*

26 Seefahrerhaus Sellin

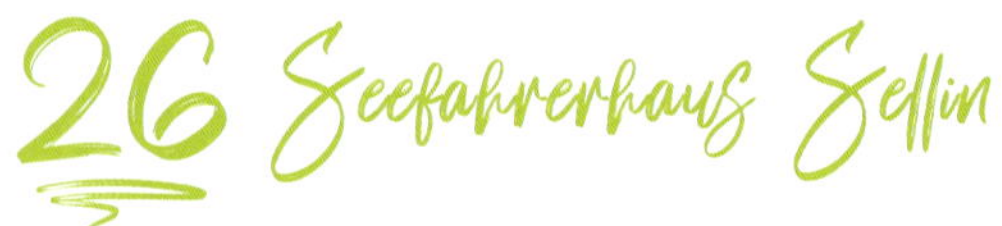

DER SILBERSCHATZ VON RÜGEN

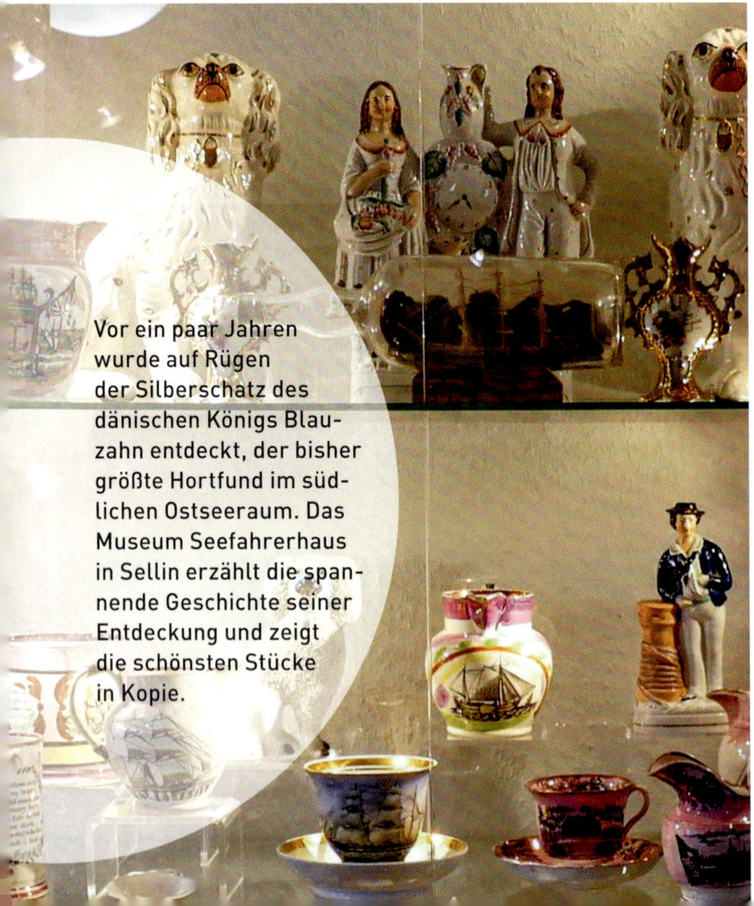

Vor ein paar Jahren wurde auf Rügen der Silberschatz des dänischen Königs Blauzahn entdeckt, der bisher größte Hortfund im südlichen Ostseeraum. Das Museum Seefahrerhaus in Sellin erzählt die spannende Geschichte seiner Entdeckung und zeigt die schönsten Stücke in Kopie.

Es war ein regennasser Tag im Januar des Jahres 2018, als „de Ackerlöper" (die Ackerläufer) bei Schaprode unterwegs waren. Keiner ahnte, dass dies ein ganz besonderer Tag werden sollte. Zunächst fand der 13-jährige Lars, ein Ehrenamtsanwärter, ein Stück Aluminium wie er meinte. Doch René Schön, der seit vielen Jahren ehrenamtlicher Bodendenkmalpfleger ist, erkannte sofort, dass er da etwas ganz anderes vor sich hatte. Gemeinsam suchten sie weiter, Teile eines Armreifs, eine Münze und ein Stück Silberschmuck kamen zum Vorschein. Zu Hause schaute der Dachdeckermeister im Internet nach und fragte sich: Kann das sein? Er trommelte mehrere „Ackerlöper" zusammen und das Gelände wurde mit Metalldetektoren abgesucht. Plötzlich überall Signale, nur noch Gepiepse und Münzen, Münzen, Münzen. René Schön hatte schon eine Schale voll als er rief: „Abbruch! Jetzt rufen wir beim Landesamt für Denkmalpflege an! Das ist definitiv was ganz Großes!" Und damit lag er richtig. Gänsehautfeeling bei den Ehrenamtlichen, eine Supersensation für Rügen!

Kopien des Silberschatzes

Die wertvollsten Stücke des Schatzes kann man nun im Seefahrerhaus Sellin bewundern, natürlich nur in Kopie, aber die sind täuschend echt. Angefertigt hat sie René Schön selbst in seiner Werkstatt.

Der Fund wird mit der Flucht von König Blauzahn in Verbindung gebracht, der eigentlich Harald I. Gormsson hieß. Blauzahn war ein Wikinger, der Dänemark einte und dort das Christentum einführte. Er war König von Dänemark und später auch von Norwegen. Um Blauzahn ranken sich viele Legenden und Mythen. Sicher ist, dass er mit seinem Sohn Sven Gabelbart in Streit geriet, wahrscheinlich wegen der Thronfolge oder auch, weil dieser noch der Wikingerzeit anhing. Bei einer Seeschlacht vor Bornholm im Jahr 986 stellte der Sohn dem Vater nach. Blauzahn floh, wurde aber

Bluetooth ist Blauzahn

von hinten durch einen Pfeil getroffen. Mit hoher Wahrscheinlichkeit kam er bei Hiddensee durch die Meerenge und ankerte schließlich im pommerschen Jomsburg bei Wollin, wo er ein Jahr später verstarb. Seine Gebeine wurden ins dänische Roskilde überführt. Eine Hommage an den dänischen König, der die Stämme einte, ist auch der Name Bluetooth, englisch für Blauzahn. Die Übertragungstechnologie verbindet mehrere Geräte miteinander. Das Symbol für Bluetooth sind die Initialen HB (Harald Blauzahn) in Runen zusammengesetzt.

In den Jahren 1872 und 1874 wurde am Strand von Neuendorf der berühmte Goldschmuck von Hiddensee gefunden, den man ebenfalls mit Blauzahns Flucht in Verbindung brachte. Jetzt dieser Silberfund, keine fünf Kilometer weiter. Er hat ein Gesamtgewicht von 1650 Gramm und besteht aus 1920 Einzelstücken. Darunter sind ganze oder bruchstückhafte Münzen aus Westeuropa und Byzanz, Hacksilber, Sachsenpfennige. Die älteste Münze ist von 714, ein Damaskus-Dirham, die seltensten Münzen sind die dänischen Haithabu. Sie wurden ab etwa 975 mit einem Kreuz geprägt und nur an wenige ausgegeben. Weiterhin fand man rund 120 Schmuckstücke und Fragmente, Ohrringe, Armreifen, Perlen und Ketten, alle sehr filigran gearbeitet.

Die Mönchguter Museen, zu denen auch das Seefahrerhaus Sellin gehört, sind zu Recht stolz auf diese Sonderausstellung. Aber das kleine Museum hat noch mehr zu bieten: In der ersten Etage befindet sich eine liebevoll gestaltete Ausstellung rund um das maritime Leben der Insel, angefangen von historischen

Fang- oder Navigationsgeräten, Schiffsmodellen, Fossilien und Seemannstränen. Letztere sind Mitbringsel der Seeleute für ihre Frauen, farbenfrohe Schalen und Krüge sowie zwei Porzellanhunde, die dann die heimische Anrichte schmückten.

Museum Seefahrerhaus

Info

Lage: Das Seefahrerhaus liegt am westlichen Ortseingang von Sellin.

Aktivitäten:

- Museum Seefahrerhaus Sellin: Seestraße 17 b, 18586 Sellin, Tel. 038303 371105, *ruegen-museen.de/museum/seefahrerhaus-sellin*
- Kurverwaltung Sellin: Warmbadstraße 4, 18586 Ostseebad Sellin, Tel. 038303 160, *ostseebad-sellin.de*

Einkehr:

- Räucherschiff Roland: direkt am neuen Hafen am Selliner See, Räucherfisch, Snacks unter und oben an Deck; Am Bollwerk 1, 18586 Sellin, *raucherschiff-roland.business.site*

27 Die Granitz

DEN WALDGEISTERN AUF DER SPUR

Zwischen Binz, Lancken-Granitz und Sellin liegt das 982 Hektar große Waldgebiet, die Granitz. Beliebte Wanderungen führen zum Schwarzen See, dem Grabmal des finnischen Kriegers und zum Jagdschloss Granitz.

Der sagenumwobene Wald hat seinen Namen vom slawischen Wort „Granitza". Das kann sowohl „Grenze" als auch nach älteren Überlieferungen „Eiche" bedeuten. Tatsächlich gibt es in dem fast tausend Hektar großen Naturschutzgebiet eine Vielzahl von Waldgesellschaften, neben Buchen, Erlen, Linden und Nadelhölzern zählen auch Traubeneichen dazu. Die Landschaft ist nicht flach, sondern in der letzten Eiszeit entstanden, hat Hügel, Schluchten und Steilhänge. Der höchste Berg ist der 107 Meter hohe Tempelberg, auf dem das Jagdschloss Granitz steht. Noch vor 200 Jahren gab es hier für die Fürsten zu Putbus reichlich Hochwild. Heute heißt es statt zu jagen nach dem Weg zu fragen, denn da gibt es einige im Wald. Doch keine Angst, Wegweiser sind vorhanden, auch andere Wanderer, sodass man immer irgendwo ankommt.

Start dieser Tour ist die Kurverwaltung im Ostseebad Sellin in der Warmbadstraße. Rechts davon geht es in die August-Bebel-Straße, die dann links in den Uhlenweg mündet.

Der Granitzwald

Steil ist der erste Anstieg in den Wald. Man folgt dem kleinen Weg, der nun noch einmal eine Biegung nach links macht, bis man an eine Weggabelung kommt. Dort rechts abbiegen und bis zum Hochuferweg vorlaufen, der führt durchgehend von Sellin (Seebrücke) bis nach Binz. Hier, wie an allen anderen Hochuferwegen, bitte die aktuellen Absperrungen beachten. Das Hochufer ist in ständiger Bewegung, immer wieder gibt es Abbrüche! Ein Beispiel sieht man keinen Kilometer weiter an der ehemaligen Waldhalle. Das Ausflugslokal auf dem Falkenberg wurde 1880 errichtet, doch schon 100 Jahre später musste man das Gebäude aufgeben. Wenn man Glück hat, je nach Wetter, gibt es hier eine traumhafte Aussicht nach Sellin. Links geht es jetzt zu einem Rastplatz und ein Schild weist den Weg zum Schwarzen See, einem kleines Paradies im Wald. Der seltene Kesselsee ist bis zu 15 Meter tief und gehört zu einem 24 Hektar großen Naturschutzgebiet der Kategorie 1, einem Totalreservat. Rund um den See liegt eine für das Klima so wichtige Moorlandschaft. Moore haben nicht nur eine überaus reiche Artenvielfalt, sie säubern auch das Wasser, regulieren den Grundwasserspiegel und speichern jede Menge Kohlendioxid, weltweit sogar doppelt so viel wie alle Wälder zusammen.

Der Schwarze See

Um den wunderschönen Waldsee ranken sich natürlich auch Geschichten. Eine besagt, dass hier ein Prinz eines Tages zur Jagd aufbrach. Als er nach Hause kam, fand er statt des Schlosses einen

See vor, auf dem ein kunstvoller Stuhl schwamm, auf dem ein Paar Handschuhe lagen. Der Stuhl galt damals als ein Symbol der Gastfreundschaft und hätte wahrscheinlich das Schloss zurückgebracht. Doch der eitle Königssohn griff nach den Handschuhen und wurde in eine Eiche verwandelt. Dieser knorrige alte Baum steht immer noch am Ufer, nachts soll er sich wieder in einen schönen Königssohn zurückverwandeln, der wehklagend um den See streift und nach seinem Schloss sucht.

Die Eiche am See

Der Wanderer verlässt nun diesen schaurig-schönen Ort, kehrt an den Hauptweg zurück und folgt den Schildern Richtung Jagdschloss Granitz. Wieder geht es die kleinen Hügel hoch und wieder hinunter, bis man an eine große Weggabelung mit der nächsten großen Eiche stößt. Die Eiche war für die Germanen ein heiliger Baum, am häufigsten wurde sie mit blitztragenden Göttern in Verbindung gebracht. Auch bei den Griechen stand die Eiche als Sinnbild für Zeus, der dem Blitzgott Jupiter entsprach. Noch heute sagt man bei Gewitter: „Eichen sollst du weichen, Buchen sollst du suchen." Leider ein gefährlicher Trugschluss! Bei den Buchen sieht man den Blitzeinschlag nicht sofort, weil das Wasser am glatten Stamm abläuft, während bei der krossen Rinde der Eiche das Holz schon vorher splittert.

Das nächste Hinweisschild weist zum Grab des finnischen Kriegers. Der Waldweg steigt nun wieder an, bei der nächsten Kreuzung geht es rechts ab. Gleich dahinter befindet sich der kleine Grabstein. 1806 war auf Rügen das Schwedische Heer stationiert, welches gegen die Franzosen kämpfte, darunter auch viele finnische Soldaten. Sie waren im Forsthaus einquartiert. 1807 zogen sie ab, aber ein kranker Krieger kehrte zurück und starb hier.

Sein Grabmal wird bis heute gepflegt. Die Franzosen schlugen übrigens die Schweden, von 1807 bis 1813 war Rügen unter der Trikolore.

Weiter geht es auf dem Waldweg Richtung Jagdschloss Granitz, doch ehe man die große Runde auf dem Hauptweg fast bis Binz läuft, biegt man so früh wie möglich ab. Hier führen nun alle Wege hinauf zum Jagdschloss, es geht steil bergauf. Zunächst erreicht man auf einem Plateau den Waldbiergarten und das Granitzhaus, das wie eine kleine Ausgabe des großen Jagdschlosses aussieht. Bereits 1726 ließ der damalige Fürst zu Putbus Moritz Ulrich I. an dieser Stelle ein Jagdhaus für seine Gäste bauen. Heute steht hier das Forsthaus von 1901, es beherbergt das Informationszentrum des Biosphärenreservats Südost-Rügen mit einer Ausstellung. Von dort ist nur noch ein kleiner, aber steiler Anstieg zum Jagdschloss zu bewältigen

Info

Lage: Die Granitz liegt zwischen Binz, Lancken-Granitz und Sellin.

Aktivitäten:

- Wanderung: etwa acht Kilometer von Sellin (Parkplatz Kurhaus) bis zum Jagdschloss Granitz, vorwiegend auf Wald- oder Schotterwegen, einfache Tour mit einigen Steigungen. Bitte an Wegzehrung und Wasser denken.
- Das Granitzhaus: Informative, moderne Ausstellung. Das Granitzhaus ist von den Haltestellen „Jagdschloss Granitz" oder „Garftitz" des Rasenden Rolands zu Fuß bzw. mit dem Jagdschlossexpress von Binz zu erreichen; Jagdschloss Granitz 1, 18609 Binz, Tel. 038301 88290, *www.biosphaerenreservat-suedostruegen.de*

Einkehr:

- Waldbiergarten: Am Fuße des Jagdschlosses liegt dieser schöne Biergarten mit einem Spielplatz. Es gibt kleine Gerichte zu fairen Preisen, Erbsensuppe mit Bockwurst, Pommes, Eis; Am Jagdschloss 1, 18609 Binz, Tel. 038393 125493, *waldbiergarten-granitz.de*

28 Jagdschloss Granitz

DIE KRONE RÜGENS

Es ist das meistbesuchte Schloss Mecklenburg-Vorpommerns, das Jagdschloss Granitz. Mehr als 250.000 Besucher kommen jährlich, um das beeindruckende Zeugnis der Jagdleidenschaft des Fürsten Malte I. zu Putbus zu bestaunen.

Wer hier hinaufsteigt, braucht ordentlich Puste. Steil schlängelt sich der Weg zum Jagdschloss Granitz empor, auf den 107 Meter hohen Tempelberg, einer der drei höchsten Berge Rügens. Der Name entstand im 18. Jahrhundert, als hier noch ein kleines sechseckiges Belvedere, ein Tempelchen, stand. Knapp ein Jahrhundert später war die Granitz das bevorzugte Jagdgebiet des Grafen Wilhelm Malte I., Fürst zu Putbus.

Schloss Granitz

Man kann „Seiner Durchlaucht" nicht gerade Bescheidenheit zuschreiben, und so tat es auch nicht Wunder, dass einem fürstlichen Jagdgebiet ein fürstliches Jagdschloss folgte. Bereits 1726 hatte der erste Graf zu Putbus, Moritz Ulrich I., auf einer Lichtung unterhalb des Tempelbergs ein kleines Jagdhaus mit Pavillon errichten lassen. Heute steht dort das Granitzhaus mit einer Ausstellung des Biosphärenreservats Südost-Rügen. Auf dem Berg gab es damals nur ein schlichtes, zweistöckiges Fachwerkhaus. 1810 sollte das Gebäude einem Aussichtsturm weichen, der aber nie gebaut wurde. Der Fürst beauftragte den Berliner Architekten und Baumeister Johann Gottfried Steinmeyer (1780 bis 1851) mit einem Bau im Stil eines norditalienischen Renaissance-Kastells. Das Gebäude sollte zunächst, ähnlich einer Ritterburg, vier Türme haben. Doch später kam noch der 38 Meter hohe Mittelturm dazu, den kein Geringerer als Karl Friedrich Schinkel (1780 bis 1851) entwarf. Die Turmspitze hatte die Form einer Krone und war weithin zu sehen. Obwohl die Bäume der Granitz inzwischen erheblich gewachsen sind, sieht man die Krone Rügens schon aus der Ferne. Schinkel und Steinmeyer waren übrigens enge Freunde, beide studierten an der Berliner Bauakademie und reisten zwei Jahre zusammen durch Italien. Während Schinkel nicht nur das Wohnhaus der Familie

Steinmeyer in Berlin entwarf und später eine Vielzahl von Bauwerken im gesamten Königreich Preußen, blieb Steinmeyer eher regional auf Rügen tätig. Er war verantwortlich für das Badehaus Goor in Lauterbach sowie für das Theater, die Orangerie und den Marstall in Putbus.

Heute ist das Jagdschloss für jeden zugänglich. Zu sehen sind Trophäen und Jagdwaffen, eine neue Dauerausstellung mit Gemälden und Möbeln des 19. Jahrhunderts sowie aktuelle Wechselausstellungen. Der Höhepunkt ist die Besteigung des Mittelturms. Dazu sollte man allerdings absolut schwindelfrei sein. Die gusseiserne Wendeltreppe im Turm hat 154 Stufen und wurde 1845 von der Berliner Eisengießerei Franz Anton Egells angefertigt. Zwölf Podeste sind an der Innenwand befestigt und geben

Die Wendeltreppe im Schlossturm

der sonst selbsttragenden Treppe einen Halt. Die Stufen sind mit fantasievollen Ornamenten durchbrochen, was natürlich auch den Blick nach unten freigibt. Die Wendeltreppe ist eine seltene handwerkliche Kostbarkeit. Hat man es erst einmal bis nach oben geschafft, dann wird man fürstlich belohnt mit einem herrlichen Ausblick. Im Sommer finden in der Granitz die beliebten Mondscheinwanderungen statt, außerdem gibt es Schlossführungen und auch Konzerte der Festspiele Mecklenburg-Vorpommern.

Das Jagdschloss erreicht man am besten bei einer entspannten Wanderung durch die Granitz von Binz (ab Seebrücke rund 3,2 Kilometer) oder bei einer Tour von Sellin (ab Seebrücke rund sechs Kilometer).

Lage: Das Jagdschloss Granitz liegt 2,5 Kilometer nördlich von Lancken-Granitz; Jagdschloss Granitz 1, 18609 Binz, Tel. 038558 841522, *jagdschlossgranitz.de*

Aktivitäten:

- Mondscheinwanderung ab Kurverwaltung Binz zum Jagdschloss: Tel. 038393 148148, *binzer-bucht.de*

Einkehr:

- Wirtshaus Alte Brennerei: uriger Gewölbekeller im Jagdschloss, im Sommer große Sonnenterrasse und Biergarten. Regionale Lieblingsgerichte mit Fisch, Wild oder vegetarisch, hausgebackene Kuchen; Jagdschloss Granitz 1, 18609 Binz, Tel. 038393 32872, *wirtshaus-jagdschloss.de*

Hinweis:

- Das Jagdschloss Granitz ist nicht direkt mit dem Auto anzufahren. Für gehbehinderte Menschen oder Familien mit Kleinkindern gibt es den Jagdschlossexpress oder einen Shuttlebus; *ruegen-bahnen.de/jagdschloss-express*

29 Großsteingräber bei Lancken-Granitz

ZEUGEN DER GESCHICHTE

Wie an einer Perlenschnur liegen hinter Lancken-Granitz gleich sieben Großsteingräber hintereinander, Begräbnisplätze eines uralten Totenkults. Ursprünglich waren es sogar 19 Hünengräber und natürlich ranken sich darum jede Menge Geschichten.

Nirgendwo gibt es eine derartige Konzentration von megalithischen Grabanlagen wie in Lancken-Granitz, es sind sogar die ältesten von ganz Europa. Die frühesten Großsteingräber entstanden schon in der Jungsteinzeit, 3500 v. Chr., manche wurden bis in die ältere Bronzezeit (1100 v. Chr.) genutzt.

Lancken-Granitz

Wer die Anlagen besucht sollte auch einen Blick auf die durchaus malerische Umgebung werfen. Idealerweise steigt man am Bahnhof Garftitz in Blieschow aus und macht schon mal einen Spaziergang durch die wunderschöne Rosskastanienallee. Dann geht es über die B196 in die Dorfstraße von Lancken-Granitz. Im Ort gibt es einige sehr schöne, alte und reetgedeckte Bauernhäuser. In der Dorfmitte steht die St.-Andreas-Kirche aus dem frühen 15. Jahrhundert, aus Back- und Feldsteinen erbaut. Im Innern sind seltene Wandmalereien aus der Entstehungszeit der Kirche und drei interessante Kabinettscheiben aus dem 17. Jahrhundert zu bewundern, die Orgel stammt von 1865.

Großsteingrab

Wenn man der Dorfstraße weiter folgt, stößt man bald auf die Bäckertrift. Ungefähr nach 500 Metern führt ein kleiner Trampelpfad, der Fünffingerweg, zu den Hünengräbern. Die Stelle ist gut ausgeschildert und schon mit ein paar Wegsteinen markiert. Hintereinander liegen hier die vier Großsteingräber von Lancken-

Granitz, etwas weiter nochmals drei Gräber, die sogenannten Ziegensteine. Zunächst geht es etwas bergan auf einen Hügel. Die ersten Begräbnisplätze sind in ostwestlicher Richtung angelegt. Das größte Grab ist 30 Meter lang, von den ursprünglich 25 Steinen sind noch 14 erhalten. Die Hünengräber sind wie ein riesiges Bett gebaut, unten und an der Seite sind Steine und oben auch ein Steindach. Mehrere Generationen wurden dort bestattet mit reichlich Grabbeigaben. Je höher das Grab lag, desto wichtiger war die Person. Oft wurden auch besonders schöne Aussichtspunkte gewählt. Vielleicht, weil der Verstorbene dann immer noch den Überblick behielt, vielleicht auch, damit die anderen ihn nie vergaßen.

Wie haben die Menschen der Jungsteinzeit nur diese großen Steingräber gebaut? Noch Jahrhunderte später dachte man, es sei das Werk von Riesen oder Trollen. Darum nannte man sie auch Hünengräber. Wie kamen diese riesigen Steine auf die Felder? Tatsächlich waren viele von ihnen schon da, mitgeschleift durch gigantische Eismassen in mehreren Eiszeiten. Rügen ist die steinreichste Gegend von ganz Norddeutschland. Die meisten dieser Findlinge stammen eigentlich von Bornholm oder Südschweden. Die Felder waren damals nicht so steinfrei wie heute. Nach der Christianisierung hat man einige Findlinge zum Kirchenbau genutzt, und auch Anfang des 19. Jahrhunderts wurden die Findlinge zu natürlichen Steinbrüchen. Viele Grabanlagen wurden später durch die Landwirtschaft zerstört.

1969 wurden die ersten genaueren Grabungen von Prof. Dr. Ewald Schuldt in Lancken-Granitz durchgeführt, dabei fand sein Team noch erstaunlich viele Grabbeigaben wie Bernsteinperlen, Steinwerkzeuge, Pfeilspitzen und sogar Urnen.

Bei den Ziegensteinen findet man an einer Grablage zwei hohe Wächtersteine, einer hat eine kreuzförmige Rille, was aber kein christliches Symbol darstellt, vielmehr wurde dieser Stein schon zur Zerteilung vorbereitet. Diese und weitere Details erfährt man erst bei einer Führung, denn hier gibt es keine Hinweistafeln. Der ehrenamtliche Bodendenkmalpflege- und Naturschutzwart René Geyer ist in Lancken-Granitz zu Hause und bietet spannende Entdeckertouren an. Ein Tipp noch für Radfahrer: Landschaftlich sehr reizvoll ist die Weiterfahrt Richtung Groß Stresow.

Wanderweg an den Großsteingräbern

Info

Lage: Lancken-Granitz liegt etwa 18 Kilometer südöstlich von Bergen.

Aktivitäten:

- Führungen zu Hügel- und Großsteingräbern mit René Geyer: Tel. 0173 9898031, *naturgeyer.de*

Einkehr:

- Imbiss am Jagdschloss: Biergarten, Blieschow 9, 18586 Lancken-Granitz
- Gaststätte Granitzgrund: gemütliche Gastwirtschaft, klassische, regionale Küche, schöne Eisbecher; Dorfstraße 2A, 18586 Lancken-Granitz, Tel. 038303 87600, *gaststatte-pension-granitzgrund.business.site*

30 Ostseebad Binz

WEISSE VILLEN AM STRAND

Das Ostseebad Binz ist die heimliche Hauptstadt der Insel mit einem sechs Kilometer langen Sandstrand, der Promenade und der 370 Meter langen Seebrücke. In Binz flaniert man, in Binz kauft man ein und in Binz geht man fein essen. Doch das Wichtigste sind die Villen.

Binz ist das größte Ostseebad auf Rügen. Nirgendwo gibt es mehr historische Prachtvillen, aber auch unzählige Restaurants, Cafés und Geschäfte.

Kaum ein Seebad in Deutschland hat einen so gut erhaltenen, historischen Ortskern. Die Bäderarchitektur des 19. und 20. Jahrhunderts ist nirgendwo besser zu erklären: ein Mix aus Gründerzeit, Moderne und Jugendstil. Die meisten Villen sind schneeweiß, haben Verzierungen wie Türmchen oder Skulpturen auf den Dächern, holzverkleidete Balkone und Erker mit Schnitzereien. Dabei ist jedes Haus anders, sodass man immer wieder neue Facetten entdeckt. Am nördlichen Ende der Strandpromenade steht die Villa Salve (Nr. 41). Die Gräfin Kreis ließ sie 1899 als Logierhaus ersten Ranges bauen. In dem wunderschönen Restaurant mit Terrasse sitzt man noch heute in der ersten Reihe. Uwe Seeler, Henry Maske oder das

Am Strand von Binz

norwegische Kronprinzenpaar Haakon und Mette-Marit speisten schon hier. Auch die Innenausstattung des Hotels ist überaus prächtig, mit Baldachin-Decken und Jugendstilmalerei.

An der Strandpromenade Nr. 39 findet man die Villa Elfeld mit einem Türmchen aus dem Jahre 1906, nicht weit davon an der Strandpromenade Nr. 31 glänzt die Villa Ruscha. Das hellblaue Holzhaus wurde 1896 im Schweizer Chaletstil errichtet und ist heute ein Appartementhaus. Die Villa Undine in der Nr. 30, 1893 erbaut, ist die älteste Villa in Binz. Neben der Villa Lilliput (Schillerstraße 14) und der Villa Erika in Göhren, ist es eines von drei Wolgasthäusern auf Rügen, den ersten Fertigteilhäusern der Welt. Baumeister war der Schiffbauer Heinrich Kraeft aus Wolgast. Ein wahres Prachtstück ist das mächtige Kurhaus aus dem Jahr 1908 mit zwei großen Türmen, heute Travel Charme Hotel. Das Kurhaus war eines der vielen Hotels, deren Besitzer 1953 im Rahmen der Aktion Rose enteignet wurden. Bereits während der Nazizeit wechselten viele Villen aus jüdischem Besitz durch Zwangsverkauf oder Enteignung die Besitzer, so auch beim Kurhaus. Ab 1950 wurde das Ostseebad Haupterholungsort der „Wis-

Villa Meeresgruß

mut“, einer sowjetisch-deutschen Aktiengesellschaft, die in der DDR Uran abbaute. Nach der Wende folgte die Reprivatisierung.

Brautpaare lieben den Mütherbau

Gleich neben dem Kurhaus ist das Zentrum von Binz, das Rondell mit der Uhr, wo im Sommer Straßenmusikanten aufspielen und die kleine Bimmelbahn hält. Nördlich geht es zur Seebrücke, wo die Dampfer ablegen, südlich folgt die Hauptstraße mit schönen Geschäften. So manche interessante Villa gibt es aber auch abseits der Promenade, so in der

Marienstraße 3 die Villa Osada und in der Nr. 5 die Villa Glückauf. Ein bekanntes Fotomotiv ist die Villa Meeresgruß in der Margaretenstraße 19 aus dem Jahr 1902, heute Hotel Garni. Hier beginnt auch die Kunstmeile von Binz. Jedes dieser Häuser hat eine einzigartige Geschichte, die man bei einem geführten Villen-Rundgang erfahren kann.

Ein Kuriosum in Binz ist das „UFO auf den Dünen". 1981 hat sich hier der Binzer Architekt Ulrich Müther mit einem Rettungsturm der besonderen Art verewigt, einer futuristischen Hyparschalenkonstruktion mit riesigen Fenstern. Das Objekt steht am Strandaufgang Nr. 6 und ist inzwischen das beliebteste Standesamt von Mecklenburg-Vorpommern. Müther ist der berühmteste Sohn der Stadt, er hat mehr als 75 Schalenbauwerke hinterlassen, darunter den Teepott in Rostock und die Zeiss-Großplanetarien in Wolfsburg und Berlin. Geht man die Promenade weiter Richtung Süden, findet man schon bald das bekannte Restaurant Strandhalle, gefolgt vom romantischen Fischerstrand mit der Traditionsräucherei der Familie Kuse, die hier seit fünf Generationen den Beruf des Strandfischers ausübt.

Villa Undine

Alle Wege führen zum Strand

Jedes Jahr Anfang Mai feiert Binz traditionell die Woche der Bäderarchitektur, mit vielen Ortsrundgängen in historischen Kostümen und besonderen Events.

Info

Lage: Binz liegt an der Ostküste Rügens, etwa 15 Kilometer östlich von Bergen.

Aktivitäten:

- Schiffstouren: Abfahrt ab Seebrücke Binz an die Kreideküste, nach Göhren, Sellin oder rund um Rügen, Tickets im Haus des Gastes oder direkt auf dem Schiff; Tel. 038392 3150, *adler-schiffe.de*
- Besucherzentrum Haus des Gastes: Zimmervermittlung, Information, Ticketservice, E-Tankstelle, geführte Rad- und Wandertouren, Villen-Rundgang; Heinrich-Heine-Straße 7, 18609 Binz, Tel. 038393 148148, *binzer-bucht.de*

Einkehr:

- Strandhalle Binz: Hier kocht Toni Münsterteicher, frisch, regional, gut-bürgerlich, tolles Ambiente; Strandpromenade 5, 18609 Binz, Tel. 038393 31564, *strandhalle-binz.de*
- Freustil: Spitzenkoch Ralf Haug, ein Michelinstern, zaubert moderne, ideenreiche Gourmetkunst. Reservierung erforderlich! Zeppelinstraße 8, 18609 Binz, Tel. 038393 50444, *freustil.de*
- Fischräucherei Kuse: Familienbetrieb in fünfter Generation, Fischerstube mit Sonnenterrasse, fast alles an Fisch, was das Feinschmeckerherz begehrt; Strandpromenade 3a, 18609 Binz, Tel. 038393 2970, *fischraeucherei-kuse.de*
- Torteneck: farbenfrohes Café in der Flaniermeile, hohe Konditoreikunst mit Cupcakes, Törtchen, Pralinen, Eis; Hauptstraße 8, 18609 Binz, Tel. 038393 127966, *torteneck.de*

31 Entlang des Schmachter Sees

RUHE HINTER DEM STRAND

Das Ostseebad Binz hat ein beliebtes Naherholungsgebiet direkt vor der Haustür. Wem es in der Hochsaison am Strand oder in der Stadt zu voll wird, der findet Ruhe und Entspannung entlang des Schmachter Sees.

Das 262 Hektar große Naturschutzgebiet Schmachter See und Fangerien war zum Teil auch ein Außenstandort der Internationalen Gartenbauausstellung in Rostock 2003. Neben gepflegten Parkanlagen, Spielplätzen und Themengärten gibt es gut ausgeschilderte Rad- und Wanderwege.

Interessant ist die Geschichte des Schmachter Sees, der zum Ende der letzten Eiszeit aus einer riesigen Gletscherzunge hervorging. Nach dem Abschmelzen der Gletscher füllte sich das längliche Becken mit Wasser. So entstand auch der Schmachter See, zunächst als Meeresbucht. Doch im Laufe tausender Jahre kam es zur Nehrung der Schmalen Heide, die schließlich die Bucht vom Meer trennte. Übrig blieb ein kleiner Entwässerungsgraben, den man heute „Ahlbeck" nennt, er entwässert den See zum Meer hin. Benannt wurde der See nach dem Dorf Schmacht, das früher bis an seine Ufer reichte. Doch das ist lange her. Inzwischen ist der See sehr viel kleiner geworden, misst ungefähr 118 Hektar. Die Tiefe beträgt nur ein bis zwei Meter. Der Flachwassersee ist kein Badesee, sondern die Ufer sind an vielen Stellen dicht von Schilf umstanden. Hier findet man eine sehr artenreiche Flora und Fauna. Bei einem Spaziergang Fernglas nicht vergessen! Es gibt See- und Fischadler, Rohrdommeln und Zwergsäger, allein 40 Arten stehen hier auf der Roten Liste.

Brücke in den Schmachter See

2003 renaturierte man den See umfassend. Es wurde eine Seepromenade angelegt mit dem Park der Sinne und zahlreichen Spielplätzen. Sehr beliebt ist der Wasserspielplatz mit der Wippenpumpe, die eine vier Meter hohe Fontäne ausstoßen kann. Zum Gesamtkonzept zählen Terrassen, der Themengarten mit einem Pavillon sowie ein Rosen- und der Duftgarten.

An der Promenade

Nordwestlich des Sees liegen die sogenannten Fangerien, ein beeindruckendes, leicht hügeliges Waldgebiet mit Buchen, Eichen und Erlenbrüchen. Die Bäume wachsen häufig in Hanglage und sind zum Teil sehr alt. Ein gut ausgeschilderter Rundwanderweg führt ungefähr acht Kilometer durch den Wald bis zum Offenland der Lubkower Niederung. Start und Ziel ist jeweils an der Seepromenade.

Südlich des Sees erstreckt sich eine ausgedehnte Moor- und Wiesenlandschaft. Diese wurde schon im 19. Jahrhundert melioriert und mit vielen Gräben durchzogen. Ganze Landstriche in Mecklenburg-Vorpommern legte man auch in der DDR in sehr aufwendiger, zum Teil ehrenamtlicher Arbeit trocken, um Flächen für die Landwirtschaft zu gewinnen. Ein beeindruckendes Beispiel war die Friedländer Große Wiese, wo über 6000 Jugendliche Gräben schaufelten.

Heute geht der Trend genau andersherum. Man schließt die Entwässerungsgräben wieder, weil Moore und Feuchtgebiete enorm wichtig sind für unser Klima. Moore sind die preiswertesten Kohlendioxidspeicher, sie sind dabei sogar besser als jedes andere Ökosystem, weil das CO_2 dauerhaft im Torf gebunden wird. Moore bieten außerdem einen umfassenden Grund- und Hochwasserschutz.

Wer den Schmachter See ganz umrunden will, muss leider im Süden rund zwei Kilometer auf der stark befahrenen Bundesstraße 196 radeln. Darum werden eher kleinere Rundwanderungen wie durch die Fangerien oder rechts und links des Ufers empfohlen. Sehr beliebt sind die romantischen Sonnenuntergänge am Schmachter See. Es gibt einige Restaurantterrassen, wo man gemütlich sitzen kann. Für Abwechslung sorgt im Sommer der Schmachter Markt auf der Promenade.

Info

Lage: Der Schmachter See liegt direkt am südlichen Stadtrand von Binz.

Aktivitäten:

- Schmachter Markt: klein, aber fein! Wochenmarkt mit Obst und Gemüse, regionalen Produkten oder Handwerk; Am Schmachter See, Höhe Wylichstraße, *binzer-bucht.de/veranstaltungen/schmachter-markt*
- Besucherzentrum Haus des Gastes: Zimmervermittlung, Information, Ticketservice, geführte Rad- und Wandertouren, Villen-Rundgang; Heinrich-Heine-Straße 7, 18609 Binz, Tel. 038393 148148, *binzer-bucht.de*

Unterkünfte und Einkehr:

- Pension Villa Seefrieden: familiengeführte Pension mit Pool in einer typischen Bädervilla direkt am See. Dazu gehört die BAR4, in der man am Abend leckere Cocktails genießen kann, Sonnenuntergang inklusive. Schmachterseestraße 4, 18609 Binz, Tel. 038393 32310, *villaseefrieden.de*
- Pension Haus am See: mit schöner Terrasse und Seeblick, Kaffee- und Kuchenspezialitäten; Schmachterseestraße 5, 18609 Binz, Tel. 038393 4200, *binz-hausamsee.de*

32 Koloss von Prora

AUFERSTANDEN AUS RUINEN

Prora, das ist vor allem ein riesiger Betonklotz zwischen Kiefern und Meer. Die „größte Immobilie der Welt", so bewarben es die Makler. Kein Ort auf Rügen hat sich in den letzten zehn Jahren so verändert, nirgendwo gab es so hochtrabende Pläne. 10.000 Menschen sollen hier zukünftig wohnen oder Ferien machen, zwei Seebrücken will man bauen und eine Marina. In dieser Dimension erinnert es fast an seinen Ursprung.

Zwischen Binz und Neu Mukran liegt ein 4,7 Kilometer langer Architekturgigant, von den Nazis als erstes KdF-Seebad geplant, später NVA-Standort, heute luxuriöse Ferienanlage und Ort der Erinnerung.

„Seebad der 20.000" so war es von den Nazis angedacht. Eine Unterorganisation der „Deutschen Arbeitsfront" (DAF) war die Bewegung „Kraft durch Freude" (KdF) mit dem Anspruch zur „Bildung einer wirklichen Volks- und Leistungsgemeinschaft aller Deutschen". Dazu zählte man auch die „gesunde Volkserholung". Das größte Projekt der Organisation sollten fünf gigantische Seebäder werden. Der Grundstein für den ersten Prototyp wurde 1936 in Prora gelegt, der Architekt war Clemens Klotz. „Nomen est omen" könnte man sagen zu dem riesigen Betonklotz am Strand, irgendetwas zwischen Moderne und Größenwahn. Insgesamt waren es acht sechsgeschossige Blocks, jeweils 500 Meter lang. Dazwischen sollte es Liegehallen, einen Hafen und Konzertsäle geben. Als die Nazis jedoch 1939 den Krieg begannen, wurden die Bauarbeiten eingestellt, man brauchte die Männer andernorts.

Letzte Ruine

1948 bis 1953 wurden Block I und teilweise auch die Blöcke VII und VIII gesprengt. Ab 1956 fand dann die Nationale Volksarmee (NVA) der DDR das Objekt interessant. Durchschnittlich waren 13.000 Soldaten hier stationiert, weiterhin eine Fallschirmjägereinheit und eine Offiziersschule, wo auch Militärs aus den sogenannten „jungen Nationalstaaten" ausgebildet wurden. Das ganze Gelände war Sperrgebiet. Eine Besonderheit waren die außergewöhnlich vielen Bau- oder Spatensoldaten in Prora, teilweise bis zu 600 Mann. Ihr Einsatzort: die Baustelle des Containerhafens Neu Mukran. Da es in der DDR keinen zivilen Wehrersatzdienst gab, kam es nach der Einführung der allgemeinen Wehrpflicht ab 1962 zu massiven Widerständen. Die DDR-Führungsriege musste sich etwas einfallen lassen. So wurde es möglich, ab 1964 aus religiösen oder pazifistischen Gründen den Dienst an der Waffe zu verweigern, aber man wurde trotzdem 18 Monate eingezogen. Bausoldaten sollten an „Schwerpunktbereichen der Volkswirtschaft" arbeiten, häufig waren das die umweltschädlichsten Industrievorhaben. Insgesamt gab es in der DDR rund 15.000 Bausoldaten, dabei waren viele Bürgerrechtler und Künstler wie der Liedermacher Gerhard Schöne, der

Der neue Luxus

Schriftsteller Jürgen Rennert oder der Grünenpolitiker Werner Schulz.

Nach der Wende kam es in Prora zu einer Zwischennutzung durch die Bundeswehr, danach stand der Koloss von Prora weitestgehend leer, aber unter Denkmalschutz. Allerlei Künstler zogen in die verfallenen Gebäude, über 40 kleine Museen entstanden, eine interessante Subkultur. Ab 2004 begann der Bund einzelne Blöcke zu verkaufen. 2012 konnte die erste Musterwohnung besichtigt werden. Innerhalb der letzten zehn Jahre verdoppelten sich die Grundstückspreise, trotzdem wurden bereits alle Blöcke verkauft, manche schon mehrfach. Die Gebäude sind jetzt fast komplett saniert.

Das Areal besteht aus den restlichen fünf Blöcken, wobei Block I der südlichste ist. Die Anbindung an den öffentlichen Nahverkehr ist sehr gut, sowohl mit der Bahn als auch mit dem Bus oder der Bimmelbahn von Binz, dem Prora-Express.

Strand an der Prorer Wiek

Es gibt das Dokumentationszentrum Prora und Prora-Zentrum, beide Vereine bieten Führungen an. Block I ist eine reine Appartement- und Hotelanlage, in Block II gibt es unter anderem ein italienisches Restaurant, ein Café und einen Bäcker. Hinter Block III befindet sich der Kletterwald Prora, dahinter die Ausstellung „MACHTUrlaub" des Vereins Dokumentationszentrum Prora. Es ist die ausführlichste Ausstellung zum Thema Architektur des KdF-Bades mit einem Modell. Am Anfang von Block IV findet man die Sandskulpturen-Ausstellung sowie das Oldtimer-Museum. Block V ist im vorderen Teil noch im Bau, im hinteren Teil ist eine Jugendherberge mit Fahrradverleih und Café. Unweit des

Blocks V gibt es das moderne Museum Prora-Zentrum in einem ehemaligen Pförtnerhaus, die Ausstellung beschäftigt sich mit der neueren Geschichte, u. a. mit den Bausoldaten.

In Zukunft soll zwischen Block IV und V ein neues gemeinsames Bildungs- und Dokumentationszentrum entstehen, seit 2017 sind die Vereine in einem Dachverband im Austausch. Ansonsten darf man gespannt sein, wie sich Prora in Zukunft entwickelt.

Info

Lage: Prora gehört zu Binz und liegt drei Kilometer nördlich der Seebrücke.

Aktivitäten:

- Prora-Zentrum: Bildung-Dokumentation-Forschung, NS-Zeit, Bausoldaten, NVA, 90-minutige Führungen; Fünfte Straße 6, bei der Jugendherberge/Block V, 18609 Ostseebad Binz OT Prora, Tel. 038393 1277921, *prora-zentrum.de*
- Dokumentationszentrum Prora: Dauerausstellung „MACHTUrlaub", Propaganda und Architektur der NS-Zeit, täglich Führungen; Dritte Straße 4, Block 3, 18609 Ostseebad Binz OT Prora, Tel. 038393 13991, *prora.eu*
- Sandskulpturen-Festival: jedes Jahr ein neues Thema; im Glaspalast, Neue Mitte Prora, Vierte Straße 4, 18609 Ostseebad Binz OT Prora, Tel. 038393 123704, *sand-fest-ruegen.de*

Einkehr:

- Café Strandläufer: bester Kaffee, selbst gebackener Cheesecake und immer freundliche Bedienung; Südstraße 204, 18609 Ostseebad Binz OT Prora, Tel. 038393 589741, *cafe-strandlaeufer-prora.business.site*

Unterkunft:

- Jugendherberge Prora: mit Zeltplatz, große, aber saubere Jugendherberge, Fahrradverleih. Nordstrand 507-509, 18609 Ostseebad Binz OT Prora, Tel. 038393 66880, *jugendherberge.de/jugendherbergen/prora-720/portraet/*

33 Naturerbe Zentrum Rügen

ÜBER DEN WIPFELN SCHWEBEN

Ein Familienabenteuer der Superlative bietet der barrierefreie Baumkronenpfad sowie ein Umweltbildungszentrum in der Nähe von Binz. Höhepunkt ist der Aussichtsturm „Adlerhorst". Auf 82 Metern über dem Meeresspiegel hat man einen tollen Blick über die Ostsee und den Kleinen Jasmunder Bodden.

Für diese Unternehmung darf man keine Höhenangst haben, denn es geht hoch hinaus. Schon von Weitem sieht man über den Bäumen einen gigantischer Holzturm, er ähnelt einem Adlernest und gehört zum Baumwipfelpfad des Naturerbe Zentrums Rügen. Das Areal ist Teil der 1900 Hektar großen Naturerbefläche Prora bei der Deutschen Bundesstiftung Umwelt. Diese abwechslungsreiche Landschaft erstreckt sich zwischen dem Kleinen Jasmunder Bodden und der Prorer Wiek mit naturnahen Dünen, Heidemooren, Erlenbrüchen sowie großen Laubwäldern – ein Lebensraum für viele geschützte Tier- und Pflanzenarten. Hier fühlen sich Seeadler, Kranich und die scheue Rohrdommel zu Hause.

Auf dem Adlerhorst

Die ganze Anlage kann man barrierefrei erkunden, ob mit Kinderwagen oder Rollstuhl. Der Weg ist insgesamt 1,25 Kilometer lang. Am Ende ist man in 17 Meter Höhe. Ganz langsam, mit einer Steigung von nur sechs Prozent, geht es zunächst knapp unter die Höhe der Baumkronen. In diesem Fall sind es vor allem Rotbuchen, Eichen und Erlen, ein sehr schöner Mischwald. Die Natur- und Landschaftsführer zeigen bei einem Rundgang, wie leicht sich die Bäume weit oben bewegen lassen. Sogar ganz dicke Stämme kann man mit bloßen Händen schon zum Schwingen bringen. Die Statik der Bäume muss flexibel sein, um dem Wind

Runde für Runde nach oben

zu trotzen, das gilt auch für Brücken oder auch beim Baumkronenpfad, der aus Lärchen- und Douglasienholz gebaut wurde. Eine Zeit lang verläuft der Weg recht eben, 650 Meter lang ist der Pfad vom Einstieg bis zum Turm. Es gibt zahlreiche Parcours mit Rollen oder beweglichen Platten, die man ausprobieren kann, aber nicht muss. Daneben führt immer ein sicherer Weg mit ausreichend Platz entlang. Überhaupt ist der ganze Baumkronenpfad sehr breit. Ist man am Fuße des Turms, läuft man Runde für Runde noch einmal 600 Meter spiralförmig nach oben, gefühlte zehn Etagen. In der Mitte des Turms wächst eine alte Buche, die man quasi immer wieder in 60-Meter-Runden umkreist.

Ist man oben auf der Aussichtsplattform, befindet man sich auf 82 Meter Höhe. Einen beeindruckerenden Ausblick gibt es wohl auf der ganzen Insel nicht. Man sieht die Fähren von Sassnitz aufs Meer hinausfahren und den Hafen Mukran. Südöstlich leuchtet das Steilufer von Göhren und westlich die neue Rügenbrücke vor Stralsund. Zu Füßen liegt der große Wald, nicht weit davon sieht man den Kleinen Jasmunder Bodden. Wenn man Glück hat, gleiten die Seeadler fast auf Augenhöhe vorbei. Ein großartiges Erlebnis zu jeder Jahreszeit. Gerade im Winter oder Frühjahr sieht man bei der klaren Luft besonders weit.

Auf der Rücktour geht es den Weg wieder spiralförmig nach unten bis zum Ausstiegsturm. Hier kann man einen Fahrstuhl, die Treppe oder eine 52 Meter lange Rutsche nach unten nehmen. Wieder am Boden lohnt der Besuch des Umweltinformationszentrums mit seinen modernen Erlebnis- und Wechselausstellungen sowie einer Kunstgalerie. Zum Thema biologischer Vielfalt in der Natur werden auch Führungen angeboten, so beispielsweise Wald- und Nachtwanderungen sowie Geocaching. Zum Verweilen laden ein großer Spielplatz und das Bio-Bistro „Boomhus" mit Biergarten ein. Auffällig ist ein rotes Gebäude mit Türmchen daneben, es ist das ehemalige Forsthaus von 1836, welches dem Jagdschloss Granitz nachempfunden wurde. Es beherbergt derzeit den Sitz der Verwaltung des Naturerbe Zentrums.

Umweltinformationszentrum

Lage: Das Naturerbe Zentrum Rügen mit dem Baumwipfelpfad liegt fünf Kilometer nordwestlich von Prora-Zentrum im Wald.

Aktivitäten:

- Naturerbe Zentrum Rügen: Baumwipfelpfad mit Turm, Umweltinformationszentrum, Boomhus Bio-Bistro, Führungen „Über den Horizont"; Forsthaus Prora 1, 18609 Ostseebad Binz OT Prora, Tel. 038393 662200, *baumwipfelpfade.de/nezr*

Unterkunft:

- Pension Petersen: ruhig und naturnah am Kleinen Jasmunder Bodden und nur zwei Kilometer vom Baumkronenpfad gelegen; Lubkow 15, 18528 Bergen, Tel. 03838 2010290, *petersenruegen.de*

34 Feuersteinfelder bei Mukran

DAS STEINERNE MEER

Das Naturschutzgebiet Steinfelder in der Schmalen Heide ist etwas Einzigartiges in Europa. Auf gut 40 Hektar liegen abertausende Feuersteine zwischen der Prorer Wiek und dem Kleinen Jasmunder Bodden. Auf der Wanderung von Mukran nach Lietzow kommt man daran vorbei.

Die Feuersteinfelder auf Anhieb zu finden, ist nicht ganz leicht. Sie liegen westlich der stark befahrenen Bahntrasse Binz-Sassnitz, im Nordteil der Schmalen Heide. Bahnübergänge gibt es kaum. Darum beginnt die Wanderung an der Bushaltestelle Mukran-Hülsenkrug. Von hier geht es etwa 500 Meter südlich an der L29 entlang bis zum Parkplatz Feuersteinfelder. Wer einen Abstecher zum Strand Mukran macht, sieht dort schon zahlreiche Feuersteine. Nördlich zeichnet sich der große Containerhafen Neu Mukran ab, dahinter strahlend weiß die riesige Produktionshalle der Rügenfisch AG und am nördlichsten Zipfel das Leuchtfeuer von Sassnitz. Am Parkplatz Feuersteinfelder (mit Imbiss) ist der Einstieg ins Wandergebiet. Hier läuft man auf dem Bodden-Panoramaweg oder auf der alten Hanse-Route, dem Brigitta-Pilgerweg der Via Baltika. Wie man den Waldweg auch nennt, er führt Richtung Lietzow und eignet sich weniger für Radfahrer. Grund sind die oft sandigen Wege.

Zunächst führt ein schmaler Pfad durch einen schönen Erlenbruchwald, bis er breiter und sehr sandig wird. Es gibt ein paar geringe Steigungen bis zu einer Brücke über die Bahn, den einzigen Übergang weit und breit, die nächsten Querungen sind tatsächlich erst in Lietzow oder in Prora. Darum geht es nach dem Besuch der Feuersteinfelder, die jenseits der Bahn liegen, später genau hier weiter. Hinter den Bahngleisen führt links ein schmaler Weg zwischen Farnen leicht bergab, dann geht es rechts, südlich in den Wald hinein. Hier stehen zum Teil beachtlich dicke, verwachsene Kiefern; schon um 1840 wurden die ersten gepflanzt. Nach einer kurzen Geraden verlaufen die Wege jetzt kreuz und quer, nichts ist ausgeschildert. Viele kleine Pfade führen in Richtung Westen zu den Steinen. Man

Zwischen Farnen leicht bergab

Feuersteinfelder

tut gut daran sich seinen für den Rückweg zu merken.

Die Feuersteinfelder sind ungefähr zwei Kilometer lang und insgesamt bis zu 200 Meter breit. Dazwischen wachsen Wacholder, Heidekraut oder Stechpalmen. Entstanden sind die Felder vor rund 3500 bis 4000 Jahren durch mehrere Sturmfluten, als die Steine aus den Kalkablagerungen herausgespült wurden. Kein Stein gleicht dem anderen, und mit ihnen kann man wirklich Feuer machen. Feuersteine bestehen aus besonders hartem Quarz, sie sind härter als Stahl, splittern aber auch leicht. Die Kanten sind dann messerscharf. Das wussten schon die Steinzeitmenschen, als sie daraus die ersten Äxte machten. Manche Feuersteine haben ein Loch in der Mitte: die Hühnergötter. Doch woher stammt eigentlich der Name und wie kommt das Loch in den Stein? Wahrscheinlich handelte es sich um Einschlüsse, die in Jahrtausenden heraus gespült wurden. Der Name wurde in den 1960er-Jahren populär. Ein Dichter berichtete von Krimtataren, die Lochsteine in ihre Hühnerställe hängten. Das Federvieh sollte so vor Krankheiten geschützt werden und mehr Eier legen. Heute ist der Hühnergott für viele Menschen ein Glücksbringer. Doch bringt er wirklich Glück? Selbstverständlich, denn wer daran glaubt, der hat es auch.

Westlich der Feuersteinfelder erstreckt sich ein großes Heidemoor, dahinter verläuft ein breiter Schilfgürtel entlang des Kleinen Jasmunder Boddens. Der Bewuchs der offenen Flächen wird von Schafen und Rindern klein gehalten, ein Paradies für zahlreiche Bodenbrüter, nicht weit davon hat der Seeadler sein Revier.

Zurück zur Brücke über die Bahn steigt man westlich in den Wald. Zuerst kommt der Blomberg (32 Meter) und dann der Schäferberg (33 Meter). Links geht es bald bergab aus dem Wald heraus, jetzt südlich über den Bahndamm und gut einen Kilometer immer am Bodden entlang.

In Lietzow angekommen, liegt 100 Meter hinter den Gleisen die Traditionsräucherei Lietzow. Wer eher Kaffee und Kuchen mag, geht 300 Meter nach Norden, hat dort einen Badestrand mit Strandcafé. Lietzow liegt an der schmalsten Landverbindung zwischen dem Großen und Kleinen Jasmunder Bodden. Auffallend ist auf dem Hügel eine Villa mit Türmchen. Ein Verdienst des Baumeisters Bopp: Er ließ 1868 den 700 Meter langen Eisenbahndamm und 1893 sich selbst das Schlösschen Lichtenstein bauen, eine Miniatur-Kopie des Schlosses Lichtenstein bei Reutlingen auf der Schwäbischen Alb und heute in Privatbesitz.

Schlösschen Lichtenstein

Info

Lage: Die Feuersteinfelder liegen etwa zehn Kilometer nördlich von Binz.

Aktivitäten:

- Wanderung von Mukran nach Lietzow mit Besuch der Feuersteinfelder: etwa zehn Kilometer, mittelschwer, zum größten Teil auf sehr sandigen Feld- oder Waldwegen, einige kleinere Steigerungen. Einkehr nur am Anfang und am Schluss, also Wasser und Wegzehrung nicht vergessen.

Einkehr:

- Strandgut Lietzow: direkt neben dem Strandbad, Kaffee und Kuchen, Restaurant, Imbiss; Boddenstraße 63, 18528 Lietzow, Tel. 038302 569994, *strandgut-lietzow.de*
- Fischräucherei Lietzow: Fischimbiss, Räucherei; Spitzer Ort, 18528 Lietzow, Tel. 03838 8279045, *raeucherei-lietzow.de*

Wanderung an den Kreidefelsen

Halbinsel Jasmund

35. Hafenstadt Sassnitz:
    Schiffe schauen und Wandern
36. UNESCO-Weltnaturerbe: alte Buchenwälder
37. Themenweg „Weißes Gold“:
    Weg zum Kreidemuseum
38. Von Neddesitz zum Königsstuhl:
    Opferstein und Herthasee
39. Der Königsstuhl: die Krone Rügens
40. Hochuferweg Jasmund: Steilküstenwanderung
41. Lohme lohnt! Wunderschöne Sonnenuntergänge
42. Von Sagard nach Glowe:
    Radtour am Jasmunder Bodden
43. Glowe: zwischen Bodden und Ostsee

43
42
41
39
38
37
36
40
35
Glowe
30
Blandow
Lohme
Nardevitz
Nipmerow
Hagen
303
Spycker
Bobbin
Neddesitz
Polchow
Sagard
Sassnitz
Ostsee
Großer Jasmunder Bodden
96
E22
Lietzow
E251
Staphel
Neu Mukran
Kleiner Jasmunder Bodden
29
Prora
Stedar
Buschvitz
Tetel
Trips
Streu
Kiekut
293
196

35 Hafenstadt Sassnitz

SCHIFFE SCHAUEN UND WANDERN

„Wie friedlich liegt, von Höh'n umgeben, das Dörfchen an der Meeresbucht, wo sich die Ufer steil erheben, umtoset von der Wogen Wucht! Du glücklich Völkchen der Gefilde, gebettet an dem hellen Strand, umgeben von dem schönsten Bilde im reichgeschmückten Inselland!" Ludwig Kübler schrieb diese Zeilen 1868 auf dem Sassnitzer Fahrenberg. Damals war Sassnitz bereits ein überaus beliebter Badeort, besonders für die feinen Leute. Bekannt wurde das kleine Fischerdörfchen aber weit vorher, als die Romantiker Anfang des 19. Jahrhunderts in Scharen zu den nahe liegenden Kreidefelsen pilgerten. 1876 komponierte Johannes Brahms den letzten Satz seiner Sinfonie Nr. 1 in c-Moll im Hotel am Fahrenberg. Ebenda schrieb Theodor Fontane 1884 am Roman „Effi Briest", wo die junge Frau ausrief: „Nach Rügen reisen heißt nach Sassnitz reisen!" Fontane benannte sogar ihren Liebhaber Major Crampas nach dem gleichnamigen Dorf, welches ab 1906 zu Sassnitz gehörte. 1909 eröffneten Kaiser Wilhelm II. und König Gustav V. die „Königslinie", eine Eisenbahnfähre bis ins schwedische Trelleborg. Man war ein „Badeort

Der staatlich anerkannte Erholungsort Sassnitz avancierte vom „Seebad von Welt" zum drittgrößten Ostseehafen Deutschlands. Direkt vor der Haustür liegen der Nationalpark Jasmund mit dem UNESCO-Welterbe Alte Buchenwälder und den berühmten Kreidefelsen nebst Königsstuhl.

von Welt", allerdings ohne Sandstrand. Am Ufer lagen vor allem Feuersteine. Massenweise wurde Sand aufgeschüttet, der jedoch beim nächsten Sturm wieder verschwand. Als dann das „Draußen baden" in Mode kam, wurde Binz der angesagtere Badeort. In Sassnitz rangierten nun die Fischerei und der Güterverkehr vor dem Tourismus.

Doch das verändert sich gerade wieder. Die alten Villen erstrahlen in neuem Glanz, das maritime Flair am Hafen und die nahen Kreidefelsen ziehen jedes Jahr zehntausende Besucher an. Heute ist Sassnitz mit knapp 10.000 Einwohnern die zweitgrößte Stadt der Insel. Kommt man von Süden, sieht man zunächst das riesige Industriegelände. Bereits 1982 hatte die DDR den Güter- und Transporthafen Neu Mukran ausgebaut. Bis heute der einzige westliche Hafen, der über Umschlaganlagen mit der russisch-finnischen Breitspur verfügt. Neu ist ein hochmoderner Offshore-Wind-Hafen. Seit 1998 legen auch die Schwedenfähren von Mukran ab, bis 2020 nach Trelleborg, derzeit nach Ystad, 2023 soll es wieder nach Trelleborg gehen..

Hafen Sassnitz

Drei Kilometer weiter nördlich beginnt die Neustadt, mit zahlreichen Wohnblocks und einem Hochhaus, dem Rügen-Hotel, 1969 von den Schweden gebaut. Zunächst nur ein Mitropa-Transit-Hotel für Devisenbringer, was aber später geändert werden musste, weil die Bevölkerung verständlicherweise empört war. Heute kann jeder im neunten Stock das Panoramacafé besuchen, tolle Torten aus der hauseigenen Konditorei genießen und in der hauseigenen Therme relaxen, sie ist nicht nur für Hotelgäste geöffnet.

In den 1950er-Jahren wurde Sassnitz das Zentrum der DDR-Hochseefischerei. Bis zu 200 Fischkutter lagen im Hafen, ihren Fang gaben sie auf hoher See an moderne Fischverarbeitungsschiffe ab, parallel entstand der VEB Fischwerk. Mehr als 2000 Menschen waren in Sassnitz rund um die Hochseefischerei beschäftigt. Fischkonserven werden auch noch produziert, nun bei der Rügenfisch AG, sogar mit Werksverkauf (Westhafen II).

Promenade

Hinter dem Rügen-Hotel beginnt die 250 Meter lange Hängebrücke, auch „Balkon mit Meerblick" genannt. Sie verbindet das Ortszentrum mit dem Stadthafen. Unten sieht man schon das U-Boot-Museum und etwas weiter das liebevoll gemachte Fischerei- und Hafenmuseum. Gleich danach beginnt die Flaniermeile am Stadthafen, das touristische Zentrum von Sassnitz. In den alten Kühlhäusern gibt es eine Shoppingmeile mit vielen regionalen Souvenirs. Wunderbar ist ein Spaziergang entlang der 1450 Meter langen Außenmole. Sie wurde 1889 bis 1912 erbaut und ist die längste Europas. Hier starten die Ausflugsboote zur Kreideküste. Im Hafen sieht man etliche Fischkutter, es wird frisch geräuchert und natürlich gibt es Fischbrötchen.

Café am Hafen

Die Strandpromenade führt weiter Richtung Norden, nun wird es romantisch. Der Bummel geht an schönen Restaurants vorbei bis zum Seesteg (105,5 Meter), dahinter ist die Kurmuschel von Ulrich Müther aus dem Jahr 1988. Die historische Altstadt liegt oben auf dem Berg mit einem kleinen Marktplatz, hübschen Cafés und Kunstgalerien. Kleine Gassen schrauben sich empor und erinnern tatsächlich an die italienischen Cinque Terre.

Die historischen Villen stehen dicht übereinander an den Hang geschmiegt. In Sassnitz sind sie schneeweiß und die Balkone reich verziert, steht man dann auf einem solchem, will man nur noch verweilen, kann sich nicht sattsehen am blauen Meer.

Info

Lage: Sassnitz liegt etwa 15 Kilometer nördlich von Binz.

Aktivitäten:

- Schmetterlingspark Sassnitz: Straße der Jugend 6B, 18546 Sassnitz, Tel. 038392 66442, *schmetterlingspark-sassnitz.eu*
- Fischerei- und Hafenmuseum: maritime Themen und Ortsgeschichte, Museumskutter; Hafenstraße 12 G, 18546 Sassnitz, Tel. 038392 57846, *sassnitz-ruegen.de/fischerei-und-hafenmuseum-sassnitz*
- Schnellfähre „Skane-Jet" von Sassnitz nach Südschweden, *frs-baltic.com*
- Schiffstouren entlang der Kreideküste: mit der „MS Alexander"; Seetouristik Brauns, Strandpromenade 12, 18546 Sassnitz, Tel. 038392 35225, *ms-alexander.de*. „MS Insel Rügen" und „MS Nordwind": Abfahrt ab Stadthafen Sassnitz; Tel. 038392 35136, *reederei-lojewski.de*
- Tourist Service Sassnitz: Strandpromenade 12, 18546 Sassnitz, Tel. 038392 6490, *insassnitz.de*

Einkehr:

- Panoramacafé: In der neunte Etage des Rügenhotels, Kuchen und Torten aus hauseigener Konditorei, wunderbarer Ausblick auf die Ostsee; Seestraße 1, 18546 Sassnitz, Tel. 038392 5621, *ruegen-hotel.de*
- Kutterfisch: Die größten Fischtheke Rügens, täglich frischer Fisch, Fischbrötchen, Salate; Hafenstraße 12 D, 18546 Sassnitz, Tel. 038392 51330, *sassnitz.kutterfisch.de*

Unterkunft:

- Fürstenhof Rügen: historische, sehr imposante Bädervilla von 1901, direkt an der Seebrücke; Rosenstraße 11, 18546 Sassnitz, Tel. 01523 3590977, *fuerstenhof-ruegen.de*

36 UNESCO-Weltnaturerbe Stubnitz

ALTE BUCHENWÄLDER

Ein Spaziergang durch die Buchenwälder der Stubnitz ist zu jeder Jahreszeit ein Erlebnis: Im Frühling, wenn das erste Grün sprießt, Waldmeister und Buschwindröschen blühen, oder im Hochsommer, wenn das geschlossene Blätterdach wohltuende Kühle spendet. Der Herbst bringt kräftige Farben und die begehrten Bucheckern für Finken und kleine Nager. Wenn die Nebel später durch den kahlen Wald ziehen, beginnt die Gespensterzeit. Mythen und Sagen werden lebendig.

Seit dem 25. Juni 2011 gehören die Wälder der Stubnitz zum UNESCO-Weltnaturerbe Alte Buchenwälder Deutschland. Eine kleine Wanderung führt von Sassnitz zum UNESCO-Welterbeforum.

Es ist ein Werden und Vergehen im Wald, das nicht mehr gestört werden soll. Die Fläche der geschützten Buchenwälder im Nationalpark Jasmund ist etwa 493 Hektar groß, mit über 650.000 Bäumen der größte zusammenhängende Buchenwald im ganzen Ostseeraum. Seit 2011 gehört er zum „UNESCO-Weltnaturerbe Alte Buchenwälder und Buchenurwälder der Karpaten und anderer Regionen Europas". Deutschland hat fünf Standorte: Grumsin, Hainich, Kellerwald, Serrahn und Jasmund.

Die ältesten Buchen auf Rügen sind an die 250 Jahre alt. Zwischen ihnen wandelten schon Caspar David Friedrich oder Alexander von Humboldt und natürlich Fürst Wilhelm Malte I. zu Putbus. Neben der Granitz war die Stubnitz sein bevorzugtes Jagdrevier: Er verschonte den Wald vor größerem Holzeinschlag. Bereits 1731 war die Stubnitz auf Geheiß des Schwedenkönigs umfriedet. Der Heimatforscher Johann Jacob Grümbke schilderte 1805 in seinem Buch „Streifzug durch das Rügenland", dass der Förster in Werder mehrere Holzwärter hatte. Es gab fünf Eingänge zum Wald mit einem Schlagbaum. Wollte man mit Pferd und Wagen passieren, wurde Baumgeld fällig, pro Pferd etwa zwei Schilling. Die Stubnitz war immer ein Nutzwald, trotz Nationalparkordnung sogar noch bis in die jüngste Zeit. Erst 2017 wurde die Waldbewirtschaftung konsequent eingestellt. Findet man zukünftig einen frisch zersägten Stamm, wird es sich nur noch um die Beseitigung von Sturmschäden auf den Wegen handeln.

Spaziergang durch die Buchenwälder

Die Landschaft ist recht hügelig, mit etlichen Bergen, wobei der höchste der Piekberg mit 161 Metern ist. Mehrere kleine Quellbäche fließen von ihm Richtung Meer ab, zwischendrin gibt es Moore, Tümpel und kleine Seen, der größte ist der Herthasee. Der Buchenwald ist Heimat vieler Tiere und Pflanzen. Specht, Kauz, Wanderfalke und Eisvogel brüten hier.

Am nördlichen Stadtausgang von Sassnitz, am Wedding, führen die Wanderwege in den Wald. Ganz rechts geht es auf den Hochuferweg, er führt bis zum Königsstuhl. Um im Buchenwald zu wandern, geht man links entlang auf die Luisenhöhe zur Zwillingsbuche. Dort ist eine Weggabelung. Ein Radweg führt rechts zum Welterbeforum. Der Wanderer nimmt aber den linken Weg und läuft am Schlossberg vorbei Richtung Werder, wo das alte Forsthaus steht. Etwa 200 Meter weiter südlich findet man einen Wall, von dem vermutet wird, dass hier die ersten Rügenfürsten ihr Jagdschloss hatten. Werder bleibt nun links liegen, und der Weg geht geradeaus nach Norden, macht dann eine Biegung nach links und führt wieder 800 Meter in nördliche Richtung. Unterhalb des 134 Meter hohen Erdbeerbergs biegt dieser Weg rechts ab und geht gerade weiter, immer entlang der Kernzone des Waldes.

Erst im Laufe der Jahrhunderte haben sich die Buchen hier durchgesetzt. Der Urwald an der Küste, der durchgehend bis ins Baltikum reichte, war ursprünglich ein Mischwald. Doch nur die Buchen haben auf Dauer überlebt. Sie kommen mit wenig Licht aus, lieben die Kälte und den Regen an der Küste. Durch den Kreideboden wird die Feuchtigkeit schnell weitertransportiert. Aber dadurch sind auch die Wurzeln nie ganz tief. Buchen werden nicht so alt wie Eichen; wenn sie umbrechen, entsteht das wertvolle Totholz. Beim Vergehen erhält der Waldboden neue Nahrung. Sogar Fledermäuse leben im Sommer in den gespaltenen Bäumen und natürlich allerlei Krabbeltiere. Allein 421 verschiedene Käferarten wurden hier nachgewiesen, davon sind 52 auf der roten Liste. All das können die Naturpark-Ranger am besten erklären, also unbedingt eine Führung buchen!

Folgt man dem Weg am Erdbeerberg weiter, kommt man direkt zur Ernst-Moritz-Arndt-Sicht. Man kann aber auch schon gut 300 Meter vorher rechts direkt zum UNESCO-Welterbeforum abbiegen, alles ist gut ausgeschildert. Die ehemalige Waldhalle heißt heute nach dem Stifter Michael-Otto-Haus und ist ein Ranger-Stützpunkt, es gibt Informationen zum Wald, Ausstellungen und ein Bistro. Auf der Rücktour geht es über den Hochuferweg nach Sassnitz zurück. Zwischenstopp ist an der Piratenschlucht, hier soll Klaus Störtebeker einen Schlupfwinkel gehabt haben.

Zur Piratenschlucht

Lage: Das Waldgebiet Stubnitz ist fast vollständig Bestandteil des Nationalparks Jasmund und liegt etwa 25 Kilometer nordöstlich von Bergen.

Aktivitäten:

- Rundtour: etwa acht Kilometer, mittelschwer, auf Waldwegen. Festes Schuhwerk und Trittsicherheit erforderlich, es sind Treppen zu bewältigen, am Strand (Piratenschlucht) befinden sich Steine.
- UNESCO-Welterbeforum: Der Wanderstützpunkt ist der Weltnaturerbeidee der UNESCO gewidmet, eine Ausstellung informiert über das Phänomen Alte Buchenwälder, außerdem Servicezentrale, Bistro und Rastplatz mit Toiletten; Waldhalle 1, 18546 Sassnitz, Tel. 038392 649790, *welterbeforum.koenigsstuhl.com*

Unterkünfte:

- Hotel & Restaurant Gastmahl des Meeres: direkt an der Promenade, tolles, gemütliches Fischrestaurant mit Terrasse; Strandpromenade 2, 18546 Sassnitz, Tel. 038392 5170, *gastmahl-des-meeres-ruegen.de*
- Villa Martha: 1883 erbaut. Hier nächtigte 1890 bereits Kaiserin Auguste Victoria. Liebevoll sanierte Ferienappartements mit Blick aufs Meer und den Mütherschen Kurpavillon, entzückender Terrassengarten; Rosa-Luxemburg-Straße 4, 18546 Sassnitz, Tel. 038392 36684, *villa-martha-ruegen.de*

37 Themenweg „Weißes Gold“

WEG ZUM KREIDEMUSEUM

Die Kreidefelsen an der Ostsee sind eigentlich keine Felsen, denn sie sind nicht aus Stein. Doch sie sind das Erste, woran der Rügenurlauber denkt. Aber nicht nur die sichtbaren Klippen bestehen aus Kreide, sondern fast die gesamte Halbinsel Jasmund steht auf Kreide. Die Schichten sind ein bis zehn Meter tief. Zu 98 Prozent besteht Kreide aus reinem Kaliumkarbonat, genutzt wird das zur Herstellung von Farben, Gummi, in der Landwirtschaft oder als Heilkreide. Man nennt sie zwar allgemein Schreibkreide, aber an die Tafel schreibt man heute mit Gips.

Rügens „Weißes Gold“ ist die Kreide, entstanden vor rund 69 Millionen Jahren. Seit 200 Jahren wird sie auf Jasmund abgebaut. Im Hinterland führt ein neun Kilometer langer Themenweg an Kreidebrüchen und -seen vorbei bis zum Kreidemuseum Gummanz.

Die Rügener Kreide entstand ungefähr vor 67 bis 69 Millionen Jahren auf dem warmen Meeresboden, als die Insel noch vollständig unter Wasser lag. Die Kreideschicht wuchs ganz langsam, in tausend Jahren nur um 3,5 Zentimeter. Sie besteht zu 75 Prozent aus Überresten von Meeresorganismen, sogenannten Coccolithophoriden, winzigen Einzellern. Erst wenn man durch ein hochauflösendes Mikroskop schaut, werden die einzelnen Bestandteile sichtbar.

Auf dem Themenweg „Weißes Gold" und im Kreidemuseum Gummanz kann man sehr viel mehr darüber erfahren. Wegzeichen ist ein versteinerter Seeigel. Der erste Abschnitt des großen Rundweges führt ins Hinterland, weg von der Küste. Am Wegesrand gibt es Informationstafeln zum Kreideabbau, über Fossilien, Heilkreide und Kreideflora.

Das Kreidemuseum

Start ist am Busbahnhof von Sassnitz, es geht in nördlicher Richtung auf die Bachstraße. Schon wenn man von der Sparkasse Richtung Nordwesten schaut, sieht man die alten Kreidebruche von Sassnitz. Von 1910 bis 1962 wurde hier noch Kreide abgebaut. Überall auf Jasmund findet man Reste ehemaliger Kreidebrüche. Heute sind sie wertvolle Biotope mit Magerrasen und sogar Orchideen, aber inzwischen auch Seen oder Tümpel.

Alter Kreidebruch

Von der Bachstraße geht es links in die Lindenallee und dann wieder links in die Waldmeisterstraße. Hier gibt es eine Infotafel zum Kreideabbau auf Rügen. Am Ende der Waldmeisterstraße führt der Stubnitzweg rechts in den Wald, hoch auf die Crampasser Berge. Der Stubnitzweg biegt links ab, doch der Themenweg führt weiter geradeaus Richtung Dargast. Es geht über Felder, Wiesen und an Ställen vorbei. In der Nähe des Landgutes Dargast liegt rechts ein großer Kreidesee. Er ist Privateigentum und sollte auch aus Sicherheitsgründen nicht zum

Baden genutzt werden. Die Tour führt weiter in nördliche Richtung durch einen Buchenwald; immer geradeaus halten, hoch hinauf. Wenn der Wald endet, kommt ein Feld und links ein kleiner Weiher, dann folgt eine größere Kreuzung. Rechts geht es nach Rusewase, links nach Promoisel. Hier steht schon ein Wegweiser zum Kreidemuseum Gummanz. Südlich sieht man den noch aktiven Kreidebruch Promoisel. Eine zwei Kilometer lange Trasse transportiert die abgebaute Kreide direkt ins Kreidewerk Klementelvitz zur Verarbeitung. Es ist derzeit das modernste Kreidewerk in Mitteleuropa. Den Kreideabbau auf Rügen wird es noch bis 2117 geben, der neue Tagebau liegt südlich bei Lancken/Dubnitz. Bis zu 35 Millionen Tonnen können dort gefördert werden.

Kreide – „Weißes Gold“

Kreideabbau, das bedeutet auch immer Fossilienfunde. Das Kreidemuseum Gummanz veranstaltet jährlich mehrere Fossilienexkursionen im Kreidebruch Promoisel. Schnellsein lohnt, denn die Termine sind immer recht fix ausgebucht. Aber auch an der Kreideküste kann man einige schöne Stücke entdecken: Korallen, Seeigel, Ammoniten, Muscheln oder Schnecken.

Der Wanderweg führt nördlich um den Tagebau herum, bis man westlich nach Groß Volksitz abbiegt. An der nächsten Gabelung wendet man sich nach links und dann an der größeren Straße scharf rechts nach Neddesitz. Zuerst kommt im Dorf eine Pferdezucht, dann das Precise Resort mit Gastronomie, links liegt das Erlebnisbad SPLASH, rechts geht es zum Kreidemuseum Gummanz. Es ist das einzige seiner Art in Europa. Im Außenbereich sieht man einen größeren Kreidefelsen, den „Kleinen Königsstuhl". Im Museum gibt es auch die begehrte Heilkreide, die sehr erfolgreich im Gesundheits- und Wellnessbereich Anwendung findet. Kreidepackungen helfen bei der Entspannung der Muskulatur, der Stoffwechselregulierung und der Entschlackung sowie der Entsäuerung. Jedes gute Hotel auf Rügen bietet im Wellnessbereich Kreidepackungen an. Im Kreidemuseum kann man auch eine Packung für zu Hause erstehen.

Gutshaus Neddesitz

Info

Lage: Die Halbinsel Jasmund liegt im Nordosten Rügens.

Aktivitäten:

- Kreidemuseum: Museum mit Ausstellung, Kreideprodukten und Außenanlage, Kreidefelsen der Kleine Königsstuhl; Gummanz 3A, 18551 Sagard OT Neddesitz, Tel. 038302 56229, *kreidemuseum.de*
- Badelandschaft SPLASH: 3500 Quadratmeter Badelandschaft, Sauna, Wellness, große Wasserrutsche, Bistro, Streichelzoo, Fahrradverleih, Quoltitzer Straße, 18551 Sagard, Tel. 038302 97700, *splash-ruegen.de*

Einkehr:

- Restaurant L'Osteria: schönes italienisches Restaurant neben der Badelandschaft; Quoltitzer Straße, 18551 Sagard, Tel. 038302 97430, *precisehotels.com*

Unterkunft:

- Precise Resort Rügen: große, komfortable Anlage mit Zimmern, Apartments und Suiten im alten Gutshaus, Restaurant Hofküche, Hotelbar zur Tränke, Radverleih, Reiten; Am Taubenberg 1, 18551 Sagard OT Neddesitz, Tel. 038302 95, *precisehotels.com*

38 Von Neddesitz zum Königsstuhl

OPFERSTEIN UND HERTHASEE

Diese abwechslungsreiche Radtour führt durch den Norden der Halbinsel Jasmund, zunächst über Wiesen und Felder mit schönen Aussichten aufs Meer. Danach geht es in den dichten Wald der Stubnitz, zu vermeintlichen Kultstätten, am Herthasee vorbei bis hin zum Königsstuhl.

Wie haben sie wohl gelebt, die Rugier oder Rugini, diese Ostgermanen, nach denen die Insel angeblich benannt wurde? Rugen, das bedeutet vor allem Roggenesser oder Roggenbauern. Tacitus beschrieb sie in seiner „Germania" um 98 n. Chr. als Heiden mit blauen Augen und feurigem rötlichen Haar; große Gestalten, die Kälte und Hunger gut aushielten. Aber opferten die Rugini tatsächlich Menschen? Diese Frage beschäftigt die Wissenschaftler bis heute. Im 19. Jahrhundert, als die ersten Reisenden nach Rügen kamen, verdienten sich die Kinder armer Fischer ein Trinkgeld mit dem Erzählen von Schauergeschichten. Die waren zum Teil so furchteinflößend, dass einige zart besaitete Naturen recht schnell das Weite suchten. Auch Fontane beschreibt dies in seinem Roman „Effi Briest".

Schon am Anfang dieser Radtour begegnet man der ersten Merkwürdigkeit, dem Opferstein von Quoltitz. Start ist direkt gegenüber dem Erlebnisbad SPLASH. Dort führt eine kleine Straße nördlich zwischen Büschen und Bäumen bergauf. Bald führt eine kleine Brücke über den Tieschower Bach, links liegt ein Haus, und rechts geht es über einen Feldweg ungefähr 500 Meter zum Opferstein. Er soll skandinavischen Ursprungs sein; ob er immer hier lag, ist fraglich. Doch bereits Caspar David Friedrich hat ihn am 17. Juli 1806 genau hier gemalt. Klar ist, dass der Opferstein bearbeitet wurde. Man vermutet, dass man in der Bronzezeit versuchte, Trogmühlen aus dem Giganten zu schneiden. Eine tiefe Rille weist auf eine versuchte Zerteilung hin. Das größte Rätsel allerdings geben zahlreiche kleinere Vertiefungen auf, die auch als „Blutgrapen" bezeichnet werden. Sie sind sehr alt und deuten am ehesten auf kultische Handlungen hin. Wurden hier Tiere oder sogar Menschen geopfert? Bei neueren archäologischen Untersuchungen fand man menschliche Überreste, Bernsteinperlen und einen Feuersteindolch. Handelte es sich hier um hier ein heidnisches Opferritual oder doch nur um eine Trauerzeremonie?

Der Radler kehrt gedankenschwer zum Hauptweg zurück und radelt rechts den steilen Hügel hinauf, wo die Straße eine Rechts-

Blick nach Bobbin

kurve macht. Oben angekommen heißt es erst einmal: umdrehen und staunen! Ein herrlicher Blick auf den Großen Jasmunder Bodden tut sich auf, davor das Dörfchen Bobbin mit der alten Feldsteinkirche. Der Weg erinnert mal wieder an eine Berg- und Talbahn, rauf, runter, rauf. Irgendwann unten fährt man über den Kaderbach, danach folgt eine scharfen Biegung. Geradeaus geht es nach Nardevitz und Blandow. Der Radler fährt aber rechts auf dem Plattenweg weiter bergan. Ist es Herbst, sind die Felder hier voller Kraniche. Ihre tägliche Nahrung sind Insekten, Regenwürmer, Mais und kleine Wirbeltiere, bevor sie von ihren Rastplätzen am Bodden Richtung Frankreich, Spanien oder Afrika aufbrechen. Grus Grus, der Graue Kranich, kommt schon im Februar zurück, dann beginnt die Balz, der wundervolle Tanz der Kraniche.

Am Herthasee

Der Plattenweg stößt nun an die große Straße L303, die rechts nach Sassnitz führt. 200 Meter weiter links ist nochmals ein toller Aussichtspunkt, der Arkonablick. Danach geht es zurück auf der L303 Richtung Hagen, aber schon nach 200 Metern links auf die Jasmunder Straße Richtung Lohme. Dort nimmt man den zweiten Feldweg rechts in den Wald. Wer mag, macht noch einen Abstecher zum Großsteingrab Groß Nipmerow.

Im Wald ist das Licht nun schnell fort. Wenn die römischen Legionen von den dunklen Wäldern Germaniens sprachen, waren das keine Eichen-, sondern Buchenwälder. Im Sommer überspannt das Blätterdach alles. Nur noch die Buchen selbst sind in der Lage in dieser Dunkelheit zu wachsen. Es geht am Schwierenzer Baumhaus vorbei und dann rechts ab zum Pfenniggrab, offiziell Großsteingrab Hagen-Stubnitz 1. Ein Priester der Göttin Hertha soll dort das ihr geopferte Geld deponiert haben. Bald schon sieht man den Herthasee mit der Herthabuche und der Herthaburg aus dem 8. bis 12. Jahrhundert, heute nur noch ein Hügel. Der fast kreisrunde See ist 170 Meter lang, 140 Meter breit und elf Meter tief. Tacitus berichtet von der Verehrung der Rugini zur Göttin Hertha. Sie soll mit einem Karren, bespannt mit zwei Kühen, über Land gefahren sein. Wer sie sah, wurde mit Frieden und Glück beschenkt. Wer ihr aber zum See folgte, sogar half ihren Wagen zu waschen, der wurde ertränkt. Niemand sollte ihr Geheimnis kennen.

Gleich hinter dem Herthasee braucht man nur noch dem Besucherstrom zu folgen. Rechts vom See verläuft die stark frequentierte Straße von Hagen zum Königsstuhl.

Info

Lage: Die Halbinsel Jasmund liegt im Nordosten Rügens.

Aktivitäten:

- Einfache Radtour: etwa zehn Kilometer, leichte Hügel, von Neddesitz zum Königsstuhl. Radausleihe im Erlebnisbad SPLASH. Empfohlen: Rücktour von ebenfalls zehn Kilometern über Lohme, Blandow, Nardevitz.

Einkehr:

- Kleine Försterei: kleine, familiäre Pension mit uriger Wildgaststätte, Wildschwein, Hirsch und Reh aus der Region; Stubbenkammerstraße 68, 18551 Lohme, *kleine-foersterei.de*

Unterkunft:

- Hotel InselGlück: modern, sauber, freundlich, großer Garten mit einem Café, selbst gebackener Kuchen; Stubbenkammerstraße 33, 18551 Lohme OT Hagen; Tel. 038302 9305, *inselglueck-ruegen.de*

39 Der Königsstuhl

DIE KRONE RÜGENS

Der Königsstuhl ist das Wahrzeichen der Insel Rügen und seit Beginn des Fremdenverkehrs Ziel Nummer eins vieler Touristen. Seit Ende September 2022 ist der Felsen nicht mehr direkt zu betreten. Mit einem Besuch des Nationalparkzentrums Königsstuhl kann man den neuen Königsweg beschreiten.

An der Küste leuchten die weißen Kreidefelsen in der Sonne, umrahmt vom wunderbaren Grün der Wälder. Ein Felsen sticht hervor, er ist mächtiger als alle anderen. Es ist der 118 Meter hohe Königsstuhl. Die Gegend rundherum nennt man die Stubbenkammer. Der Name leitet sich aus dem Slawischen ab, „stolpin" für Stufe und „kamen" für den Fels. Bis zu einer Million Besucher jährlich betraten die Aussichtsplattform direkt auf dem Felsen. Das blieb natürlich nicht ohne Folgen. Der Untergrund besteht aus sehr feinkörnigem Kalkgestein, welches jederzeit abrutschen kann. Vor dem Königsstuhl liegt landeinwärts das Königsgrab, über das Jahrzehnte eine Treppe zur Aussichtsplattform führte. Das bronzezeitliche Hügelgrab ist schon fast verschwunden, immer neue Abbrüche zogen es in die Tiefe. Schaut man sich alte Fotos an, wird schnell klar, wie vergänglich alles ist.

Über den Namen des Königsstuhls herrscht noch heute Unklarheit. Eine Geschichte erzählt vom schwedischen König Karl XII., der hier 1715 einer Seeschlacht zwischen Dänen und Schweden beiwohnte, dann ermüdete und sich einen Stuhl erbat. Jedoch berichtete bereits 1584 der Pfarrherr Rhenan über den „Konigstuel", als er im Auftrag des Pommernherzogs auf Mineraliensuche war. Es geht auch die Sage, dass derjenige zum König gewählt werden sollte, der den Felsen seeseitig erklomm. Das haben auch später noch einige versucht. Zum Beispiel 1815 der Reisebegleiter von Caspar David Friedrich, der Königliche Münzbuchhalter Dr. Friedrich Gotthelf Kummer. Während Caspar auf den Steinen saß und malte, kletterte der Doktor am Felsen entlang und blieb dort stecken. Der Maler musste zum Baumhaus Schwierenz eilen und den Baumwärter Hans-Jacob Ruge um Hilfe bitten. Ihm gelang es den Münzbuchhalter zu befreien, und die beiden Gäste stifteten dem Baumwärter später ein Grab auf dem Friedhof von Bobbin, wo man noch heute sehr viele interessante alte Grabwangen findet.

Gut 200 Jahre schon gibt es Tourismus am Königsstuhl. 1801 wurden die ersten Unterkünfte, sogenannte Köhlerhütten, am Hochufer errichtet, die ein einfaches Nachtlager boten, später waren es Gasthäuser und ein Hotel. Unterhalb des Felsens standen noch bis Anfang des 20. Jahrhunderts kleine Fischerhütten, und es gab sogar eine Seebrücke, wo Dampfer anlegten. Dies alles verschwand spätestens mit dem Eiswinter des Jahres 1942. Wer jemals einen Sturm an der Steilküste erlebt hat, weiß, dass es dann keinen Strand mehr gibt. Kreide- und Sandmassen werden wie von Geisterhand einfach weggefegt, Bäume fliegen wie Streichhölzer herab und die riesigen Steine schaukeln wie Tennisbälle hin und her. Deshalb wurde auch der Treppenaufgang direkt am Königsstuhl für immer gesperrt.

Um den Königsstuhl in seiner ganzen Pracht zu sehen, ist sehr gut eine Schiffstour von Sassnitz aus geeignet. Seitlich sieht man ihn am besten von der südlichen Victoriasicht. Nördlich neben dem Königsstuhl liegt der Feuerfelsen, sein Name entstand Ende des 19. Jahrhunderts, als der Wirt des „Gasthofs zur Stubbenkammer“, Friedrich Behrendt, seine Gäste spektakulär unterhielt. Er ließ Reisighaufen an der Kliffkante entzünden, die dann langsam hinunterrollten, fast wie Lavaströme.

Blick zur Victoriasicht

Der Königsstuhl wurde auch militärisch genutzt, bereits die Franzosen ließen 1812 die Plattform abholzen, wollten ihre Feinde von oben besser im Blick haben. Nach dem Zweiten Weltkrieg belagerte die Sowjetarmee das heutige Gasthaus, danach die Grenzbrigade Küste. Ab 1965 gab es dann ein Kassenhäuschen, wo man für das Betreten des Königsstuhls 20 Pfennige verlangte.

Nun, diese Zeiten sind vorbei. Auch wenn einige über die heutigen Eintrittspreise schimpfen – es wird doch sehr viel geboten. Die neue Aussichtsplattform „Königsweg" ist barrierefrei und schwebt ab Frühjahr 2023 ellipsenförmig zwei Meter über dem Königsstuhl. Sehr empfohlen wird die Erlebnisausstellung des Nationalpark-Zentrums: ganz toll gemacht, auf vier Etagen, zum Teil unter der Erde. Man begibt sich in eine Zeitschleuse, fährt dann in die Kreidezeit und taucht ins warme Kreidemeer ein. Weitere Erlebniswelten sind die Eiszeit mit einem echten Eisberg, Fische in der Ostsee, ein Blockstrand, das Leben der Buchen, Tiere nachts im Wald und vieles mehr. Zusätzlich gibt es alle 20 Minuten eine Multimediaschau, Spielplätze, eine Gaststätte und 25-minütige Kurzführungen mit Rangern an den Königsstuhl.

Erlebnisausstellung am Königsstuhl

Info

Lage: Der Königsstuhl liegt im Nationalpark Jasmund im Nordosten Rügens.

Aktivitäten:

- Nationalpark-Zentrum Königsstuhl: Aus Naturschutzgründen ist die Durchfahrt zum Nationalpark-Zentrum nur für Reisebusse und den öffentlichen Nahverkehr gestattet. Etwa drei Kilometer vor dem Königsstuhl befindet sich ein kostenpflichtiger Großparkplatz in Hagen. Von dort fährt der Pendelbus Linie 19 direkt bis zum Königsstuhl. Vom Parkplatz Hagen führt ein gut ausgebauter Wanderweg zum Nationalpark-Zentrum; Stubbenkammer 2, 18546 Sassnitz, Tel. 038392 661766, *koenigsstuhl.com*

40 Hochuferweg Jasmund

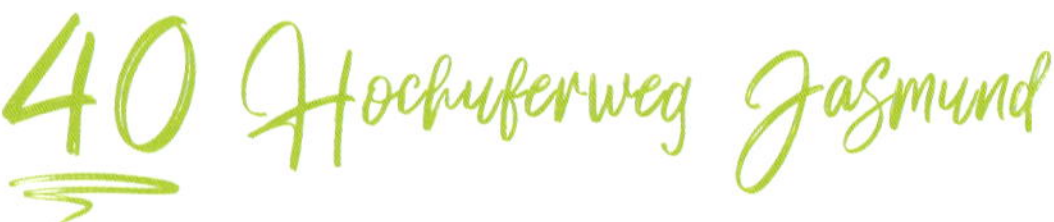

STEILKÜSTENWANDERUNG

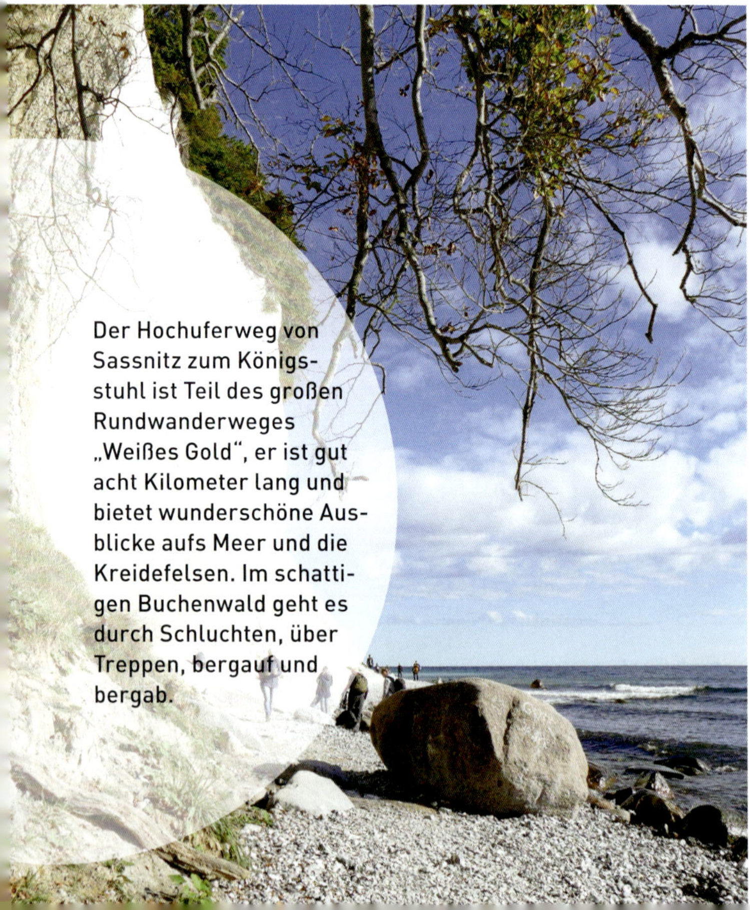

Der Hochuferweg von Sassnitz zum Königsstuhl ist Teil des großen Rundwanderweges „Weißes Gold", er ist gut acht Kilometer lang und bietet wunderschöne Ausblicke aufs Meer und die Kreidefelsen. Im schattigen Buchenwald geht es durch Schluchten, über Treppen, bergauf und bergab.

Diese Wanderung ist eine der beliebtesten auf Rügen. Im Nationalpark Jasmund geht es acht Kilometer auf dem Hochufer entlang von der Hafenstadt Sassnitz zum Königsstuhl. Eine gute Kondition ist erforderlich, denn hier ist es bergiger, als man denkt.

Am Fuß der Kreidefelsen

Wenn es die Wetterlage erlaubt, weder nasskaltes Wetter, Schneeschmelze oder hoher Wellengang herrschen, kann man auch den Weg direkt unten am Wasser entlanggehen. Hier hat man natürlich wunderbare Blicke auf die imposanten Kreidefelsen. Immer wieder begegnet man Naturkunstwerken in Form von riesigen Findlingen, angeschwemmtem Holz und alten abgestürzten Bäumen. Manchmal gibt es auch frische Abbrüche und man muss sehr glatte Kreide- und Schlammstellen überwinden. Für diesen Weg braucht man eine sehr gute Kondition. Wer in der Piratenschlucht absteigt, hat erst wieder die Möglichkeit am Kieler Bach ans Hochufer zu gelangen. Das bedeutet sechs Kilometer zu 90 Prozent auf Steinen zu laufen. Zwischendrin gibt es keine

Unterhalb der Kreideküste

Möglichkeit des Aufstiegs. Leider muss die Feuerwehr Sassnitz mehrmals im Jahr ausrücken, um erschöpfte Kletterer zu bergen.

Darum: Den sicheren Weg am Hochufer wählen und lieber zwei Zwischenstopps einlegen mit Strandspaziergang, an der Piratenschlucht oder am Kieler Bach, um wenigstens einmal am Fuße der riesigen Kreidefelsen zu stehen.

Die Tage dieses Baumes sind gezählt.

Einstieg für den Hochuferweg ist in Sassnitz an der Weddingstraße. Der Wanderweg ist mit einem blauen Balken oder mit dem schon bekannten Seeigel markiert. Der erste Aussichtspunkt ist die Bläse, danach folgt schon die Piratenschlucht. Ein Weg die Treppen hinunter lohnt, der Buchenwald wächst hier hinunter bis zum Strand, nördlich erblickt man den Hengst, auf dem steil aufragenden Kreidefelsen thronte einst eine Höhenburg. Doch geht man ein Stückchen am Strand weiter sieht man schon, wie riesige Stücke aus dem Berg gerissen wurden. Über die Piratenschlucht geht es wieder nach oben, nun wandert man oben über den Hengst. Danach folgt der Abstieg in die Schlucht des Lenzer Bachs, wieder hoch über das Wissower Ufer und nochmals hinunter zum Wissower Bach.

Wer jetzt schon müde ist, sollte den Abstecher zum UNESCO-Welterbeforum für eine Rast nutzen, denn die Berg- und Tal-Wanderung ist jetzt erst zu einem Drittel geschafft. Am Hochufer erreicht man nun die berühmten Wissower Klinken. Ursprünglich sahen sie aus wie umgedrehte Zuckertüten, über 20 Meter hoch, doch davon ist nichts mehr übrig. Am 24. Februar 2005 kam es zu einem gewaltigen Erdrutsch, wobei 50.000 Kubikmeter Kreide ins Meer stürzten, 2010 waren es dann noch einmal tausend Kubikmeter. Man möchte ausrufen: „Besuchen Sie die Kreidefelsen, solange sie noch stehen!" Die Natur ist in Bewegung und der

Wissower Klinken

Klimawandel macht es nicht besser. Lange wurde vermutet, das Gemälde „Die Kreidefelsen auf Rügen" von Caspar David Friedrich sei hier entstanden, er hat ähnlich spitze Formationen abgebildet. Aber dann stellten Wissenschaftler fest, dass es zu seiner Zeit die Wissower Klinken so noch gar nicht gab. Wahrscheinlicher ist, dass er das Motiv in der Nähe des Königsstuhls in der Feuerfelsenschlucht fand oder seiner Fantasie freien Lauf ließ. Dennoch ist das Gemälde bis heute die beste Touristenwerbung aller Zeiten.

Am Hochuferweg folgt nun die Ernst-Moritz-Arndt-Sicht. Der Blick nach Süden ist ein beliebtes Fotomotiv, mit den sich aneinanderreihenden Felsen. Der Wanderweg geht nun durch die Fahrnitzer

Treppe am Kieler Bach

Berge zur Schlucht des Kieler Bachs über einige Treppenanlagen. Am Kieler Ufer ist eine weitere Möglichkeit, um an den Strand zu gelangen.

Oben geht es rechts weiter über den Kolliker Bach am Kolliker Ort vorbei. Hier steht ein Leuchtturm relativ weit unten im Fels. Der sechs Meter hohe Rundturm wurde 1904 als Orientierung an der Prorer Wiek gebaut und ist heute noch durch Fernwartung in Betrieb. Die Treppe zum Turm ist gesperrt. Wieder folgt ein beständiges Auf und Ab. Sieht man einen großen Findling im Wasser, den Jasmundstein, ist es nicht mehr weit. Es folgt die Kleine Stubbenkammer mit der Victoriasicht. Dort weilten im Juni 1865 König Wilhelm I. und seine Schwiegertochter, Kronprinzessin Victoria von Preußen. Hier hat man hat den schönsten Blick auf den Königsstuhl, der nur noch 100 Meter entfernt ist.

Info

Aktivitäten:

- Wanderung: 8,1 Kilometer von Sassnitz-Wedding bis zum Nationalpark-Zentrum Königsstuhl, mittelschwer bis schwer, nicht barrierefrei, sehr bergig mit vielen Treppen. Festes Schuhwerk, Mitnahme von Wasser und Proviant wird empfohlen.
- Entfernungen: Sassnitz-Wedding bis UNESCO-Welterbeforum 2,1 Kilometer; Parkplatz Hagen bis Nationalpark-Zentrum Königsstuhl 3,1 Kilometer; Wissower Klinken bis Nationalpark-Zentrum Königsstuhl 6,2 Kilometer; Ernst-Moritz-Arndt-Sicht bis Nationalpark-Zentrum Königsstuhl 5,2 Kilometer
- Nationalpark-Zentrum Königsstuhl: Stubbenkammer 2, 18546 Sassnitz, Tel. 038392 661766, *koenigsstuhl.com*
- UNESCO-Welterbeforum: Wanderstützpunkt, Ausstellung, Bistro und Rastplatz mit Toiletten; Waldhalle 1, 18546 Sassnitz, Tel. 038392 649790, *welterbeforum.koenigsstuhl.com*

WUNDERSCHÖNE SONNENUNTERGÄNGE

Wer nach Lohme reist, der sucht die Ruhe. Der kleine Ort hat etwas mehr als 450 Einwohner und besteht vor allem aus hübsch sanierten Ferienhäusern, Hotels und Pensionen. Wie in einer kleinen Puppenstube stehen die Häuschen auf dem Hochufer, 50 bis 70 Meter über dem Meer. Einen Katzensprung entfernt sieht man schon die Kreidefelsen. Mittelpunkt von Lohme ist der 1906 angelegte Hafen. Eine Holztreppe mit 250 Stufen führt hinunter und natürlich gibt es auch eine barrierefreie Alternative. Auf halber Höhe liegt das Café Niedlich mit einer schönen Terrasse. Unten führt ein kleiner Weg am Strand entlang, der hier sehr steinreich ist. Ins Auge sticht der 165 Tonnen schwere Schwanenstein, um ihn ranken sich viele Geschichten. Sie alle kennt Peter Steinmüller, der einen kleinen Laden an der Treppe hat. Er bearbeitet Steine und Seeglas, weiß alles über Donnerkeile, Seeigel und Hühnergötter, außerdem hat er ein umfangreiches Antiquariat mit regionaler Literatur.

Das kleine Dörfchen Lohme liegt malerisch am Nordufer von Jasmund an der Tromper Wiek. Es war das erste anerkannte Seebad Rügens, hat aber keinen Badestrand. Ruhesuchende fühlen sich hier wohl, beliebt ist der Westuferrundweg.

Hafen Lohme

Schon 1884 war Lohme als Kur- und Badeort anerkannt. Am Strand wurde vor jeder Saison Sand aufgeschüttet und die Gäste flanierten an einer kleinen Promenade entlang. Maler, Gelehrte und Dichter kamen, u. a. Gerhard Hauptmann, Theodor Fontane und Elizabeth von Arnim. Sie alle stiegen im Strandhotel ab, dem heutigen Panoramahotel, wo es immer noch die schönsten Sonnenuntergänge über Kap Arkona zu sehen gibt.

Wunderschöner Sonnenuntergang

Wanderer lieben Lohme! Ein bekannter Weg führt am Hochufer direkt zum Königsstuhl, ein weniger bekannter ist der Westuferrundweg, der sehr abwechslungsreich, aber auch etwas anspruchsvoller ist. Festes Schuhwerk wird empfohlen, es geht durch den Küstenwald, an den steinigen Strand und auf luftige Höhen.

Start ist an der Fischräucherei, Arkonastraße 22, danach folgt man rechts in die Straße Ostseeblick. Dort sind ein paar sehr gepflegte Anwesen wie das Kapitänshaus oder eine Handweberei. Hier stand auch einmal das ehemalige Diakonieheim, das

Spannende Wege im Küstenwald

im Februar 2005 wegen der Abbrüche in die Schlagzeilen geriet. 400.000 Kubikmeter Geröll sackten in die Tiefe zum Hafen. Anfangs hatte man noch Hoffnung, vielleicht war das Haus noch zu retten? Doch die Statiker waren schnell anderer Meinung. Mittels eines Hydraulikgreifers, der auf einen großen Autokran montiert wurde, trug man das Gebäude ganz vorsichtig von oben ab. Heute sorgt ein hochmodernes Drainagesystem dafür, dass der Hang ständig entwässert wird und stabil bleibt.

Die Straße macht einen Bogen nach links, dann geht es geradeaus auf einem kleinen Wanderweg in den Küstenwald. Der zeigt sich, genau wie andernorts an dieser Küste, recht bergig. Mal geht es die schmalen, mit Holz befestigten Treppen steil hinauf, dann wieder hinunter, über kleine Bachläufe und glitschigen Kreideboden. Über 25 Quellen ergießen sich vom Piekberg westlich und östlich ins Meer oder in den Bodden. Der Uferweg ist unerwartet abwechslungsreich; um riesige Baumstämme schlängeln sich armdicken Efeuranken. Auf den Höhen öffnet sich der Wald zu Aussichtspunkten mit herrlichen Blicken auf das Kap Arkona. Dieses Motiv hat Caspar David Friedrich oft gemalt. Hier irgendwo hat er tatsächlich gesessen, fasziniert von der See, die hier stürmischer ist als andernorts. Ähnlich empfand es auch der Maler Karl Hagemeister, dessen „Lohmer Sturmbilder" im Bröhan-Museum Berlin hängen. Immer wieder gibt es offene Stellen wie den Höllengrund, wo der Riesenschachtelhalm wächst. Am Limmerbach kann man im Meer den großen Stein von Blandow sehen, den drittgrößten Findling auf der Insel. Dann biegt der Wanderweg steil nach rechts ab. 60, 70 Meter geht es hinauf nach Nardevitz. Nach Überquerung der L303 geht weiter hoch, dann links auf den Weg Moorsiedlung nach Nipmerow. Dort biegt man wieder links ab und geht ungefähr 200 Meter auf der L303 zum Aussichtspunkt Arkonablick, der sich wirklich lohnt. Weiter geht es schnurgerade über den Kunsthof Salsitz nach Lohme zurück.

Lage: Lohme liegt im Norden der Halbinsel Jasmund.

Aktivitäten:

- Steinmüller: Es lohnt hineinzuschauen! Peter Müller ist Künstler, Fremdenführer und Historiker, weiß alles über die Steine von Rügen, fertigt Steinschmuck und Wohnaccessoires, führt neue und antiquarische Bücher, Gemälde, Postkarten; Zum Hafen 6, 18551 Lohme, Tel. 0176 82993300, *ruegensteine.de*
- Touristinfo Lohme: Karten, Tickets, Zimmervermittlung; im Haus Linde Arkonastraße 31, 18551 Lohme, Tel. 38302 88855, *lohme.de*

Einkehr:

- Restaurant Daheim: superleckere Fischgerichte, Steaks oder Eisbecher bei Lohmes ältester Gastwirts- und Fischerfamilie, die seit 400 Jahren hier ansässig ist; Ortsmitte direkt am Parkplatz, Arkonastraße 10, 18551 Lohme, Tel. 038302 9352, *restaurant-daheim-lohme.de*
- Wilbergs Traditionsräucherei: Imbiss mit Fischbrötchen, Frisch- und Räucherfisch; Arkonastraße 22, 18551 Lohme

Unterkunft:

- Panorama Hotel-Restaurant Lohme: geschmackvolle Zimmer in mehreren Häusern direkt auf den Kreidefelsen, öffentliches Restaurant mit sehr guter, regionaler Küche, auf der Terrasse fantastische Sonnenuntergänge mit Blick aufs Kap Arkona; An der Steilküste 8, 18551 Lohme, Tel. 038302 9110, *panorama-hotel-lohme.de*

42 Von Sagard nach Glowe

RADTOUR AM JASMUNDER BODDEN

Sagard wurde als „Zagard" erstmals 1250 erwähnt, der Name stammt aus dem Slawischen und deutet auf eine Burg hin. 1750 entstand hier bereits das erste Kurbad Rügens, 1795 erhielt der Ort eine Brunnen-, Bade- und Vergnügungsanstalt, die noch bis 1830 betrieben wurde, dann zog es die Gäste weiter ans Meer. Heute ist Sagard ein zentrales Dienstleistungszentrum.

Jenseits des Trubels gibt es an den Ufern des Großen Jasmunder Boddens nicht nur die Ruhe zu genießen, sondern auch so manchen Schatz zu entdecken wie den alten Kreidehafen Polchow, das Schloss Spyker oder die Feldsteinkirche in Bobbin.

Start der Radtour ist der Bahnhof, und es geht mitten durch die Stadt, zuerst durch die Ernst-Thälmann-Straße, dann rechts in die August-Bebel-Straße zum historischen Stadtkern mit dem Markt. Unweit davon sieht man die St.-Michael-Kirche aus dem Jahr 1210 mit der Brunnenaue, einer historischen Parkanlage. Man folgt der August-Bebel-Straße bis zur Schulstraße, dort geht es links vorbei an zahlreichen Plattenbauten bis fast zur Hauptstraße, der Glower Straße. Um die verkehrsreiche Straße zu meiden, biegt man eine Querstraße vorher rechts ab, bei der Bäckerei Mario Arndt. Am Ende der Straße links weiterfahren und die L30 gerade überqueren.

Nun wird das Radeln vergnüglicher, man genießt die Weite. Die Straße heißt schon Boddenblick und führt direkt zum Martinshafen, einem Jachthafen, der sehr beliebt ist bei Seglern und Kitern. Südöstlich sieht man Ralswiek. Weiter führt der Weg nach Norden, immer am Bodden entlang. In Neuhof überquert man den Neuer Bach. Links liegt ein kleiner Badestrand. Direkt am Ufer führt ein sehr sandiger Feldweg entlang. Ausweichmöglichkeit bietet die parallele kleine Asphaltstraße hinter dem Wald. Hier sieht man im Herbst und im Frühjahr ein Meer von Kranichen. Sie nächtigen hier in den Flachwasserzonen, am Tag tun sie sich auf den Feldern gütlich.

Kraniche

Ein Stück weiter kommt schon das Dörfchen Polchow mit dem alten Kreidehafen, ein wirklich bezaubernder Ort. Man sieht noch die Pfähle der alten Landungsstege. Ein kleiner Badestrand mit Bänken lädt zu einer gemütlichen Verschnaufpause ein. Polchow gehörte seit 1320 zur Herrschaft von Spyker, im 16. Jahrhundert war er einer der größten Orte mit sechs Höfen und neun Katen. Man lebte vom Fischfang und der Landwirtschaft, bis 1830 das erste Segelschiff mit Urlaubern anlandete. Der Hafen hatte auch eine Bedeutung für die Verschiffung von Schlämmkreide aus den nahen Kreidebrüchen. In Polchow kann man sehr gut Fisch essen bei Peters Fisch oder der Fischgaststätte am Bodden.

Alter Kreidehafen

Jetzt in Polchow der Dorfstraße Richtung Osten folgen, die L30 überqueren und dann links in den Radweg einbiegen. Auf dem 60 Meter hohen Tempelberg hat man eine grandiosen Blick auf den Bodden. Der Radweg führt weiter nördlich rechts hinter dem Wald vorbei nach Bobbin. Hinter dem Friedhof steht die St.-Pauli-Kirche. Sie ist die einzige vollständig erhaltene Feldsteinkirche auf Rügen, der Turm mag schon um 1300 entstanden sein, der Rest gut 100 Jahre später. Interessant ist der Friedhof mit sehr alten Grabsteinen. Der Radweg führt weiter nach Norden. Ist man im Tal, lohnt der Blick zurück für ein schönes Fotomotiv. Die nächste Querstraße links ist schon die Schlossallee, die zum Schloss Spyker führt.

Der mächtige ziegelrote Backsteinbau mit vier Türmen ist der älteste Profanbau auf Rügen. Erstmalig taucht er in der Geschichte 1318 auf, wechselte 1344 in den Besitz der Familie von Jasmund. Nach dem Dreißigjährigen Krieg gehörte er zu Schweden und wurde 1649 dem Feldmarschall Carl Gustav Wrangel übertragen. Mitte des 17. Jahrhunderts erfolgte dann der Umbau des Schlosses im Renaissance-Stil, so wie es heute noch zu sehen ist. Seit 2006 wird hier ein Schlosshotel betrieben, mit Gewölbekeller-Restaurant und einem sehr schönen Skulpturenpark.

Schloss Hotel Spyker

Der Weg führt nun östlich des Schlosses weiter durch das Naturschutzgebiet Spyker See und Mittelsee. Erlenbrüche, Flachwasser- und Schilfzonen sind perfekte Rückzugsorte für die sich sammelnden Kraniche, aber auch Lebensraum für Rotmilan, Seeadler oder Eisvogel. Hinter dem Wald geht es rechts ab nach Glowe. Man kann weiter bis zur Schaabe radeln oder zurück den RADzfatzbus mit Fahrradtransport nehmen.

Info

Lage: Die Radroute verläuft im Westen der Halbinsel Jasmund.

Aktivitäten:

- Einfache Radtour: 16 Kilometer, nur eine Steigung bei Bobbin, kleine Wegstrecken können sandig sein. Einkehrmöglichkeiten gibt es mehrere, trotzdem Wasser, Badesachen und Sonnenschutz nicht vergessen.
- Kitesurfschule Rügen-Kite: Wind- und Kitesurfen lernen auf dem Jasmunder Bodden, SUPs, Kitehostel im Martinshafen; Neuhof 2, 18551 Sagard OT Neuhof, Tel. 0172 6669200, *ruegen-kite.de*
- Dinosaurierland Rügen: sehr beliebt bei Kindern, Ausstellung in freier Natur, rund 120 riesige Saurier; Am Spycker See 2A/3, östlich der L30, 18551 Spyker, Tel. 038302 719874, *dinosaurierland-ruegen.de*
- RADzfatzbus: *vvr-bus.de/bediengebiete/ruegen/ruegen-erleben/radzfatz/*

Einkehr:

- Peters Fisch: Familienfischerei mit 120-jähriger Tradition, Hofladen, Räucherei, Bistro; Dorfstraße 38, 18551 Glowe OT Polchow, Tel. 038302 71948, *peters-fisch.de*
- Fischgaststätte Am Jasmunder Bodden: fangfrischer Fisch und gutbürgerliche Küche; Dorfstraße 8, 18551 Glowe OT Polchow,Tel. 038302 53003

Unterkünfte:

- Hotel Schloss Spyker: wohnen im ältesten Schloss Rügens, ruhig und idyllisch gelegen mit schönem Garten, Restaurant Wrangel mit regionaler, moderner Küche; Schlossallee 1, 18551 Glowe, Tel. 038302 770, *schloss-spyker.de*
- Hotel Der Wilde Schwan: liegt nahe am Jasmunder Bodden in vollkommener Ruhe, mit Kegelbahn und Sauna, Restaurant mit regionalen Produkten; Neuhof 10, 18551 Sagard OT Neuhof, Tel. 038302 8030, *hotel-der-wilde-schwan.de*

43 Glowe

ZWISCHEN BODDEN UND OSTSEE

Kaum ein Ort auf Rügen hat sich so positiv entwickelt wie Glowe. Noch vor 700 Jahren war hier ein winziges Fischerdörfchen. Die Slawen nannte es „Glova", was soviel wie „Kopf" bedeutet und einen Hinweis auf das kleine Kap Königshörn am östlichen Rand des Ortes gibt. Glowe ist das Tor zur Schaabe, einer zwölf Kilometer langen Nehrung an der Tromper Wiek, welche die Halbinseln Jasmund und Wittow verbindet. Hier liegt der längste und schönste Sandstrand von ganz Rügen. Der touristische Badebetrieb startete erst spät und mondäne Villen wie in Binz sucht man hier vergebens. Dafür wurde Glowe zum Toport im Arbeiter- und Bauernstaat. Es gab einige sehr große Betriebs- und Kinderferienlager sowie eine Jugendherberge. Weiterhin zog sich die gesamte Schaabe entlang ein riesiger Zeltplatz. Damals hieß es scherzhaft: „Jeder Doofe fährt einmal nach Glowe!" Tatsächlich war damals wahrscheinlich jeder DDR-Bürger einmal in Glowe und sei es nur, um an diesem wunderbaren Strand zu liegen. Die DDR-Volkswirtschaft kam allerdings mit dem Massentourismus nie so gut klar, einmal fehlte es

Der „staatlich anerkannte Erholungsort" Glowe ist ein modernes Badeparadies und zählt zu den Topzielen auf Rügen, vor allem wegen des kilometerlangen, feinen Sandstrandes. Doch auch der große Küstenwald und die ausgedehnte Boddenlandschaft laden zum Radfahren und Wandern ein.

an alkoholfreien Getränken, ein andermal war das Bier knapp, was durchaus schlimmer war.

Nun, diese Zeiten sind lange vorbei! Glowe hat sich völlig neu erfunden. Farbenfrohe Ferienhaussiedlungen wurden gebaut, Hotels und Appartementanlagen. Eine wunderschöne, zwei Kilometer lange Promenade zieht sich am Strand entlang mit netten Cafés, Restaurants und Läden. Am Königshörn entstand ein moderner Ostseehafen mit 190 Liegeplätzen, und es gibt sogar einen kleinen Aussichtsturm. Täglich bieten hier auch die Fischer ihre Waren an.

Im Schaabewald wird nicht mehr gezeltet, er zählt inzwischen zu den schützenswerten Waldgürteln Europas. Hinter den Dünen gibt es einen Rad- und Wanderweg und sechs Waldparkplätze an der L30 mit Strandzugängen. Weniger bekannt ist vielleicht die artenreiche Boddenlandschaft südlich von Glowe, wo es zahlreiche Wanderwege gibt.

Die Ostseeperle

Schön ist eine Rundtour um das Naturschutzgebiet Roter See. Start ist an der Gaststätte Ostseeperle, ein auffälliger Schalenbau des Binzer Bauingenieurs Ulrich Müther von 1968. Als dem Gebäude 1997 der Abriss drohte, reagierten die Bürger mit Protesten. Nun ist die Ostseeperle das Wahrzeichen von Glowe. Am neugestalteten Kurplatz überquert man die Landstraße L30 und geht gegenüber auf die Straße „Waldsiedlung“ bis zum Haus am Wall. Dann kommt man auf einem Feldweg zum Bodden, danach geht es rechts weiter auf dem Dammweg immer am Boddenufer entlang. Nach rund 1,5 Kilometern sieht man den Waller Ort, der durch Anlandungen von Strandwällen entstanden ist. Der nördlich liegende Rote See ist längst verlandet und zu einem artenreichen Küstenüberflutungsmoor geworden. Um 1900 wurden die Strandwälle, wo früher noch Schafe weideten, mit Kiefern und Eichen aufgeforstet. Im Laufe der Jahre kamen natürlicherweise Erlen und Birken hinzu. Jetzt überlässt man das Gebiet weitestgehend sich selbst. Inzwischen ist es ein hervorragendes Rückzugsgebiet für seltene Tiere. Von dem 233 Hektar großen Naturschutzgebiet gehört rund die Hälfte der NABU-Stiftung. Hier leben die Waldohreule, der Pirol oder der Schwarzspecht, aber auch Reptilien wie die Kreuzotter. Reizvoll ist die Mischung aus altem Bruchwald, den mit Schilf bestandenen Ufern und den sandigen Flachwasserbuchten, wo man auch baden kann. Die Wege sind manchmal recht schmal, sumpfig oder sandig. Aber ab und an gibt es sogar eine Bank, mit schönem Ausblick auf den Jasmunder Bodden.

Kunstraum Wasserwerk Glowe

Der schmale Wanderweg geht immer am Wasser entlang und kann bis zum Forsthaus Gelme und sogar bis Breege-Juliusruh fortgesetzt werden. Die kleine Runde aber führt nun scharf nach rechts, sobald der Kiefernwald erreicht ist. Durch die Waldsiedlung geht es zurück zur Ostseeperle, wo es auf der Terrasse die schönsten Sonnenuntergänge zu bestaunen gibt.

Info

Lage: Glowe liegt im Nordwesten der Halbinsel Jasmund, etwa zehn Kilometer nordwestlich von Sagard.

Aktivitäten:

- Rundwanderweg um das NSG Roter See: acht Kilometer, leicht, aber festes Schuhwerk erforderlich, Proviant, Wasser, Kopfbedeckung, Badesachen.
- Glowe-Trotter: Was wäre der Strand ohne Strandkorb? Im Februar 1995 kam der Sauerländer Klaus-Dieter Thomas das erste Mal nach Glowe, verliebte sich in den Ort und eröffnete 1996 den ersten Strandkorbverleih; Am Kurplatz 10, 18551 Glowe, Tel. 038302 78012, *glowe-trotter.de*
- Kunstraum Wasserwerk: Galerie, Kunst und Kulinarisches; Hauptstraße 1, 18551 Glowe, Tel. 038302 719844, *kunstraum-wasserwerk.de*
- Tourist-Info Glowe: direkt in der Ortsmitte, Verkauf von Rad-, Strand- und Wanderkarten, Souvenirs, Touristenfischereischein, Angelerlaubnis, Tickets; Boddenmarkt 1, 18551 Glowe, Tel. 038302 5221, *glowe.de*

Einkehr:

- Restaurant Ostseeperle: tolles Restaurant mit Meerblick und sehr guter Küche, mediterrane und regionale Speisen, Eismanufaktur, nebenan auch dazugehöriges Hotel mit Appartements; Hauptstraße 42, 18551 Glowe, Tel. 038302 56380, *ostseeperle-hotel.de*

Unterkünfte:

- Haus Svantekahs: gastfreundliche Pension, Zimmer und Appartements mit Meerblick, Spezialität des Hauses ist der nach alter Familientradition auf Buchenholz kaltgeräucherte Lachs vom Chef; Hauptstraße 19, 18551 Glowe, Tel. 038302 71100, *haus-svantekahs.de*
- Bel Air Strandhotel: komfortables 4-Sterne-Hotel am Waldrand, nur 100 Meter vom Strand entfernt mit Pool, Sauna, Restaurant im Landhausstil; Waldsiedlung 3, 18551 Glowe, Tel. 038302 7470, *bel-air-hotels.de*

Halbinsel Wittow,
Nord-West Rügen
und Hiddensee

Fischerhaus in Schaprode

Halbinsel Wittow, Nord-West Rügen und Hiddensee

44. Radtour Breege-Juliusruh, Altenkirchen, Nobbin: Dichter, Dolmen und Strand
45. Kap Arkona: wandern zu den Leuchttürmen
46. Von Putgarten nach Dranske: Radrunde im Windland
47. Wiek und Wittower Fähre: Boddengeflüster
48. Schaprode und Udarser Wiek: Ruf der Kraniche
49. Insel Ummanz: Naturidyll für Surfer und Kraniche
50. Leuchtturm von Hiddensee: Wanderung auf dem Dornbusch

45
Arkona
Varnkevitz
Putgarten
46
Schwarbe
Vitt
44
Lancken
Zühlitz
Ostsee
Altenkirchen
47
Lanckensburg
Dranske
Wiek
Wieker
Bodden
Breege
50
Libben
Lobkevitz
Breeger
Bodden
Kloster
Vitte
Vitter
Bodden
Rassower
Strom
Wittower
Fähre
Breetzer
Bodden
Neuenkirchen
Großer
Jasmund
Bodden
Neuendorf
Neuholstein
48
Trent
Schaprode
Rappin
Schaproder
Bodden
Udarser
Wiek
RÜGEN
49
UMMANZ
Kluis
Suhrendorf
Waase
Patzig
Gingst
Wusse
Varbelvitz
Stadthof
Parchtitz
96
E22
Kubitzer
Bodden
Moordorf
196
Klein
Kubbelkow
Dreschvitz
Ralow

44 Radtour Breege–Juliusruh, Altenkirchen, Nobbin

DICHTER, DOLMEN UND STRAND

Breege und Juliusruh sind schon seit 1928 zu einem Seebad vereint. Während Breege einst ein Seefahrer- und Fischerdorf war, wurde Juliusruh Herrensitz eines alten Adelsgeschlechts. Namensgeber war Julius von der Lancken, der 1795 ein Jagdschloss mit einem Park errichtete. Letzterer ist noch da, das Schloss wurde 1945 gesprengt.

Am Nordende der Schaabe, auf der Halbinsel Wittow, liegt das Seebad Breege-Juliusruh, unweit davon das geschichtsträchtige Altenkirchen. Ein Radweg führt am Meer entlang Richtung Kap Arkona, vorbei an einem der größten Steingräber Deutschlands.

Breege liegt am Bodden und wurde 1313 das erste Mal urkundlich erwähnt. Der Name leitet sich vom slawischen Wort „Ufer" her. Sehenswert sind die alten Kapitänshäuser aus dem 18. und 19. Jahrhundert und die 2019 neu gestalteten Hafenanlagen. Breege ist der ideale Ausgangspunkt für Ostseetörns und sehr beliebt bei Seglern. Es gibt eine große Anzahl von Charterbooten und abends urige Kneipen, um einen Törntag gemütlich ausklingen zu lassen. Von Breege brechen Schiffe nach Hiddensee, zu den Störtebeker Festspielen und im Herbst zu Kranichfahrten auf.

Juliusruh liegt direkt am Meer, am wunderschönen, kilometerlangen Sandstrand der Schaabe. Der Ort ist mit bis zu 2089 Sonnenstun-

Breege am Hafen

den einer der sonnenreichsten Orte Deutschlands. Am Ortseingang sieht man Reste einer alten Schwedenschanze von 1759, der 3,5 Hektar große Kurpark ist etwas zurückgesetzt. Es ist eine spätbarocke Anlage des Rokoko mit wunderschönen über 227 Jahre alten Linden, die aus Südschweden geholt wurden. Ansonsten ist der Strand hier der absolute Mittelpunkt. Der Ort ist nicht groß, aber es gibt trotzdem einige schöne Hotels, Restaurants und Cafés. Eine lange Tradition hat der Campingplatz Drewoldke, der sich nördlich anschließt. Die Zelte stehen in einem Kiefernwald direkt hinter dem Strand.

Altenkirchen

Drei Kilometer weiter, im Landesinnern, liegt das ehrwürdige Dörfchen Altenkirchen. Jeder, der mit dem Pkw ans Kap will, muss hier vorbei. Radfahrer radeln aber gleich hinter Drewoldke immer am Meer entlang. Altenkirchen hat eine berühmte Backsteinbasilika aus dem Jahr 1168, in der kein geringerer als der berühmte Ludwig Gotthard Kosegarten (1758 bis 1818) predigte. Vor der Kirche steht ein hölzerner Glockenturm aus dem 18. Jahrhundert. Innen wurden 1967 spätromanische Wandmalereien freigelegt. Das bemerkenswerteste Stück ist jedoch der Svantevit-Stein in der südlichen Vorhalle des Chores. Er stammt noch aus einer Zeit vor dem Kirchenbau und ist quer in die Wand eingelassen. Dargestellt wird ein bärtiger Mann mit Füllhorn, entweder ist es der Fürst Jaromar selbst oder ein Slawenpriester von der Tempelburg Kap Arkona. Die Priester sagten oft mit dem Füllhorn eine gute Ernte voraus. Nach der Christianisierung wurden die heilige Steine der Slawen öfter demonstrativ in Kirchen verbaut wie auch in Bergen. Wahrscheinlich als Zeichen der Vereinnahmung und Verhöhnung, dafür würde auch sprechen, dass dieser Stein nicht aufrecht steht.

1792 trat Ludwig Gotthard Kosegarten in Altenkirchen seine Pfarrstelle an. Er war nicht nur Prediger, sondern auch romantischer Dichter. In zahlreichen Versen hat er Rügen besungen und so berühmt gemacht. Als Kosegarten 1785 Rektor an der Knabenschule in Wolgast war, lernte er Philipp Otto Runge kennen, der viele Rügener Sagen und Märchen aufschrieb. Sie waren später sogar Leitbild für die Grimmsche Märchensammlung. Runge traf 1801 den Maler Caspar David Friedrich, beide wurden durch die Schriften Kosegartens inspiriert und auch durch seine Uferpredigten. Weil die Heringsfischer sehr beschäftigt waren, besonders im Frühjahr, ging der Pfarrer zu ihnen und predigte vor Ort. Seine flammenden Uferpredigten zogen bald auch andere Besucher an und 1806 wurde oberhalb des Fischerdorfes Vitt eine Kapelle erbaut. Seit 2014 erinnert Altenkirchen mit einer Dauerausstellung an seinen berühmten Sohn.

Hühnengrab Nobbin

Ein Radweg führt von Altenkirchen über Reidervitz immer an der Küste entlang. Nach gut drei Kilometern erreicht man den Riesenberg von Nobbin, ein überaus imposantes Großsteingrab mit einem 34 Meter langen Hühnenbett und zwei Kammern. Die beiden Wächtersteine im Südwesten sind über drei Meter hoch. Das Megalithgrab stammt aus der Jungsteinzeit und ist gut 4500 Jahre alt. Ursprünglich gab es 53 Steine, 39 sind noch vorhanden. Für Kosegarten war der Riesenberg das „imposanteste und zugleich am besten erhaltene, was ich auf der Insel noch gesehen habe." Auch Caspar David Friedrich weilte in Nobbin und malte das Bild „Blick auf Kap Arkona mit aufgehender Sonne". Wunderschön schlängelt sich der Weg oberhalb der Küste entlang bis nach Vitt und weiter nach Kap Arkona.

Info

Lage: Breege-Juliusruh liegt auf der Halbinsel Wittow im Norden Rügens.

Aktivitäten:

- Schiffstouren mit Reederei Kipp: nach Vitte (Hiddensee), Störtebeker Festspiele Ralswiek, Kranichtouren, Fahrradmitnahme vom Hafen Breege ist zu allen Abfahrtzeiten möglich, Karten auf dem Schiff oder Online; *reederei-kipp.de*
- Mola-Yachting: Jachtcharter, Mitsegeltörns; Boddenweg 1-2, 18556 Breege, Tel. 038391 4320, *mola.de*
- Haus des Gastes: Tickets, Zimmervermittlung, Landkarten; Wittower Straße 5, 18556 Breege OT Juliusruh, Tel. 038391 311, *breege.de*

Einkehr:

- Zum Alten Fischer: Café und Restaurant, modernes Ambiente, große Auswahl, mit Terrasse und Wasserblick; Am Hafen 1-3, 18556 Breege, Tel. 038391 42555, *kapitänshäuser.de*

Unterkünfte:

- Hotel am Wasser: familiengeführtes Hotel mit Garten am Breeger Bodden, Restaurant; Dorfstraße 79, 18556 Breege, Tel. 038391 4020, *hotelamwasser.m-vp.de*
- Hotel Atrium am Meer: fünf Minuten zum Strand, Restaurant „Old Diner" mit regionaler Esskultur, Pool; Am Waldwinkel 2-3, 18556 Breege OT Juliusruh, Tel. 038391 4030, *atrium-am-meer.de*

45 Kap Arkona

WANDERN ZU DEN LEUCHTTÜRMEN

Das Kap Arkona ist ein magischer Ort. Schon die Anreise durch wehende Kornfelder und die herrlichen Baumalleen sind ein Genuss. Hier scheint fast immer die Sonne, wahrscheinlich weil meistens eine steife Brise weht und die Wolken einfach weggepustet werden. Das ganze Kap ist verkehrsberuhigte Zone. Der Autoverkehr kommt nur bis zum Örtchen Putgarten, dann geht es weiter mit dem Arkona-Express, per Pferdekutsche, zu Fuß oder mit dem Fahrrad.

Das Kap Arkona ist ein 42 Meter hohes Kreideplateau, ein Flächendenkmal mit dem nördlichsten Punkt der Insel. Eine Rundwanderung führt zu den schönsten Aussichten, zum kleinen Fischerdorf Vitt und den drei Leuchttürmen.

Der früher so unscheinbare Ort Putgarten hat sich gemausert und ist nun voller Restaurants, Cafés und Läden. In der Mitte steht der Rügenhof mit regionalen Produkten, feiner Handwerkskunst und kreativer Mode.

An einer großen Eiche beginnt die Wanderrunde. Rechts führt der Weg ins kleine Fischerdörfchen Vitt. Nach etwa einem Kilometer sieht man dort schon die kleine achteckige Uferkapelle. 1816 ließ sie der Pfarrer Kosegarten nach Plänen von Karl Friedrich Schinkel erbauen. Jahrzehnte leuchtete sie in strahlendem Weiß, doch nun ist sie lehmbraun, mit weißen Herzen verziert. Jeder Reiseleiter hat Mühe dieses Phänomen zu erklären. Irgendwann in der Neuzeit fand jemand vom Denkmalschutz wohl heraus, dass die Originalfarbe einmal braun war und das Kirchlein wurde dunkel gestrichen. Viele Einwohner waren empört und jemand setzte weiße Herzen dagegen. Wie die Sache letztendlich ausgeht, ist noch nicht bekannt.

Kapelle in Vitt

Wer mit dem Rad kommt lässt es lieber oben, denn es geht steil bergab. Unten liegt das kleine Fischerdorf Vitt mit 13 reetgedeckten Häuschen. Im Hochsommer ist der Ort sehr touristisch. Am Hafen gibt es frischen Räucherfisch und auch so manch nette Gastlichkeit. Ein toller Blick bietet sich auf das 42 Meter hohe Kreidekliff von Kap Arkona. Der Strand ist steinig und große Abschnitte rund um das Kap sind wegen der Abbrüche gesperrt.

Am sicheren Hochuferweg gibt es immer wieder sehr schöne Ausblicke. Nach etwas mehr als einem Kilometer ist schon der erste von drei Leuchttürmen erreicht. Es ist der ehemalige Marinepeilturm mit Aussichtsplattform und Kunstgalerie. Daneben ragte ab dem 9. Jahrhundert die Jaromarsburg auf, geschützt durch einen 25 Meter hohen Wall. Hier war das Heiligtum der Ranen, der Ureinwohner von Rügen. Ihre Gottheit war der vierköpfige Svantevit. Auf ihren Eroberungszügen zerstörten die dänischen Christen 1107 den heiligen Ort. Sie hatten Angst vor den heidnischen Gottheiten und ließen nahe den Kultstätten immer

Blick auf Kap Arkona

Leuchtfeuer und Schinkelturm

eine Kirche errichten. Die Archäologen arbeiten heute gegen die Zeit. Durch Erosion ist schon ein Großteil der Anlage ins Meer gerutscht.

Etwas weiter westlich stehen die zwei weiteren Leuchttürme. Der kleinere Turm wurde 1827 nach Plänen von Karl Friedrich Schinkel erbaut, sein Leuchtfeuer war damals acht Seemeilen zu sehen. Heute beherbergt er eine Ausstellung, eine Aussichtsplattform und wird vor allem als Standesamt genutzt. Der große Leuchtturm ist seit 1905 in Betrieb. Das elektrische Blitzfeuer einer Halogendampflampe sendet alle 17,1 Sekunden drei Blitze bis 24 Seemeilen weit.

Eine weitere Attraktion sind die Bunkeranlagen dahinter. In der ehemaligen Matrosenbaracke wird etwas über die militärische Nutzung des Kaps erzählt. Es gibt einen Atombunker aus DDR-Zeiten und den Arkonabunker vom Zweiten Weltkrieg.

Viele denken, die Leuchttürme stehen am nördlichsten Punkt der Insel, doch der ist tatsächlich noch 500 Meter weiter westwärts am Gellort. An seinem Fuße liegt der Siebenschneiderstein, mit 165 Tonnen der viertgrößte Findling der Insel. Die Königstreppe zum Ufer wurde inzwischen wegen Baufälligkeit geschlossen. Zum Baden an den Nordstrand fährt man 1,5 Kilometer weiter, direkt von Putgarten.

Info

Lage: Das Kap Arkona liegt nordöstlich auf der Halbinsel Wittow.

Leuchttürme:

- Peilturm: 1927 erbaut, 23 Meter hoch, Aussichtsplattform auf 20 Meter, 111 Stufen
- Schinkelturm: 1927 erbaut, 23 Meter hoch, Aussichtsplattform auf 15 Meter, 86 Stufen (derzeit geschlossen)
- Leuchtfeuer Kap Arkona: seit 1905 in Betrieb, 35 Meter hoch, Aussichtsplattform auf 28 Meter, 164 Stufen

Aktivitäten:

- Ob Korbmacher, Holzbildhauer, Kerzenmanufaktur, Fischräucherei oder Café, das ist der Rügenhof im Zentrum von Putgarten. Zum Beispiel wird in der Kreidemännchen-Manufaktur das beliebte Rügen-Maskottchen hergestellt.; Dorfstraße 22, 18556 Putgarten, Tel. 038391 769854, *ruegener-kreidemaennchen.de*
- Sanddornzentrum Rügen: im historischen Gutshaus, Sanddornprodukte aus eigener Ernte; Dorfstraße 22, 18556 Putgarten, Tel. 038391 439990, *ruegen-direkt.de*
- Fahrradverleih: im Souvenirladen, Am Parkplatz 1, 18556 Putgarten, Tel. 0170 2804186
- Tourismusgesellschaft Kap Arkona: Am Parkplatz 1, 18556 Putgarten, Tel. 038391 13037, *kap-arkona.de*

Einkehr:

- Goldener Anker: historischer Gasthof im Fischerdörfchen Vitt mit saisonaler Küche, viel Fisch und Bio-Kaffee; Vitt 2, 18556 Putgarten, Tel. 038391 12134, *gasthof-vitt.de*
- Arcun: Gaststätte am nördlichsten Punkt, direkt am Kap, deftige, regionale Küche; Arkona 2B, 18556 Putgarten, Tel 038391 935191

Unterkunft:

- Hotel&Restaurant Kap Arkona: familiengeführtes 3-Sterne-Hotel mit schöner Terrasse und Außensauna; Dorfstraße 22A, 18556 Putgarten, Tel. 038391 4330, *zum-kap-arkona.de*

46 Von Putgarten nach Dranske

RADRUNDE IM WINDLAND

Die Halbinsel Wittow liegt zwischen der Ostsee, dem Wieker und dem Jasmunder Bodden. Sie ist der nördlichste Teil von Rügen und 97 Quadratkilometer groß. Wittow bedeutet im Slawischen Windland, und so wird auch der Wind ein ständiger Begleiter bei dieser Radtour sein. Das Land ist flach und bis auf das Kap Arkona eher weniger touristisch frequentiert.

Von Putgarten führt ein schöner Radweg am Hochufer der Halbinsel Wittow entlang bis nach Dranske. Am Wieker Bodden geht es wieder zurück. Es gibt wunderbar einsame Strände und immer frische Luft.

Start ist in Putgarten auf dem Großparkplatz, es geht westlich aus dem Ort heraus und dann rechts zum Parkplatz am Hochufer. Hier ist eine Treppe, um an den feinsandigen, wild romantischen Strand abzusteigen. Es ist der größte zusammenhängende Blockstrand an der deutschen Ostseeküste und wohl auch einer der schönsten. Das Gebiet zählt zum 144 Hektar großen Naturschutzgebiet Nordufer Wittow mit Hohen Dielen, das in zwei Abschnitte, vor und nach dem Kap Arkona, aufgeteilt wird. Die Hohen Dielen sind das sehr steil abfallende Kliff an der ehemaligen Jaromarsburg, das Nordufer Wittow liegt westlich hinter dem Kap. Es gibt einen lohnenden Wanderweg an der Kliffkante, den

Radfahrer aber nicht befahren sollten. Das Naturschutzgebiet punktet mit einer natürlichen Salzrasenpopulation, mit Sanddorn und gemeinem Strandflieder, außerdem ist hier ein reiches Vorkommen von echtem Meerkohl.

Der Radweg führt jetzt vom Hochufer weg, links nach Varnkevitz. Linker Hand sieht man eine Radarstation der Bundeswehr, die einzige militärische Einrichtung auf Rügen. Hinter dem Dorf geht es über eine wunderschöne Allee nach Schwarbe, am Pferdestübchen vorbei und dann nach rechts zum Märchenwald „Die Schwarbe" ist ein verwunschenes Waldgebiet mit vom Wind zerzausten uralten Rotbuchen, Bergulmen und Linden, ein richtiger Gespensterwald. Ein Abstecher lohnt, ansonsten führt der Weg südlich am Waldrand vorbei Richtung Westen und dann zum Regenbogencamp Nonnevitz. Der Campingplatz besteht schon seit den 1960er-Jahren und zieht sich fast drei Kilometer durch den Kiefernwald. Viele Dauercamper verteidigen ihr Areal in der ersten Reihe seit Jahrzehnten. Am nördlichsten Punkt, dem Möwenort, führt eine Treppe zum weißen Strand. Der nächste Weg geht rechts zum Bakenberg und an einer Eisdiele vorbei.

Strand in Dranske

Nächstes Ziel ist Kreptitz und einen Kilometer weiter rechts geht es nach Lancken. Nördlich liegt das Naturschutzgebiet Nordwestufer Wittow und Kreptitzer Heide. Es ist 100 Hektar groß und das längste aktive Geschiebemergel-Kliff. Hier brüten bis zu 2000 Uferschwalben. Das Kliff ist ständig in Bewegung, verlor in den letzten Jahren rund 15 Meter. Darum unbedingt gesperrte Wege respektieren! Danach geht die Tour weiter nach Dranske.

Das Tausend-Seelen-Örtchen hat in den letzten Jahren eine kolossale Wandlung vollzogen und gilt heute als Geheimtipp mit seinen zwei Stränden, am Wieker Bodden und an der Ostsee. Den Schluss bildete die acht Kilometer lange Halbinsel Bug. Dort befand sich seit 1638 nur ein kleiner Posthafen. Nach dem Ersten Weltkrieg prägte das Militär das Bild: die kaiserlichen Seeflieger, die Wehrmacht und die NVA mit einer Schnellbootstaffel. Die Nazis rissen Ende der 1930er-Jahre alle zivilen Häuser ab. Nach dem Zweiten Weltkrieg nahmen die Sowjets die Militäranlagen der Nazis mit, den Rest sprengten sie in die Luft. Dann kam die NVA, baute für ihre Berufssoldaten 1000 Wohnungen in Plattenbauweise. Nach der Wende wurden sie abgerissen, auch 156 Gebäude auf dem Bug. Der ist derzeit gesperrt und nur im Rahmen einer Führung zu betreten.

Der gesperrte Bug

Dranske hat durch die Entmilitarisierung gut ein Drittel seiner Einwohner verloren, sich aber zu einem schönen Urlaubsort entwickelt mit netten Cafés und Restaurants. Seit 2009 gibt es eine 170 Meter lange Seebrücke, wo Dampfer nach Wiek und Hiddensee ablegen. Der Bodden ist ein tolles Stehrevier. Kiter kommen gern hierher. Auf der Meeresseite sieht man vom Strand aus die Insel Hiddensee mit dem Leuchtturm.

Die Seebrücke in Dranske

Doch was bringt die Zukunft? Am Bug soll ein Megaprojekt entstehen, das Baltic Island Eco Resort mit 2300 Betten, mit vier Hotels und Eisenbahnfähren. Die Halbinsel wurde bereits an eine Privatperson verkauft, die seit 25 Jahren auf geeignete Investoren wartet. Naturschützer laufen Sturm, denn der Südzipfel gehört zum Nationalpark Vorpommersche Boddenlandschaft. Sind solche Riesenanlage noch zeitgemäß? Mit diesem Gedanken radelt man zurück über Kuhle, mit dem kleinen Hafen, leckeren Fischbrötchen und dem Zeltkino. Von Gramtitz geht es am Räuchereck rechts weg und dann immer geradeaus nach Mattchow über Fernlüttkevitz bis Putgarten.

Alter Fischerkahn bei Starrvitz

Info

Lage: Die Halbinsel Wittow liegt im Norden Rügens.

Aktivitäten:

- Radrunde: Start und Ziel Großparkplatz Putgarten, etwa 40 Kilometer, flache, einfache Strecke, diverse Einkehrmöglichkeiten, trotzdem Wasser, Sonnencreme und Kopfbedeckung nicht vergessen.
- Wassersportschule Rügenpiraten: Windsurfen, Kiten, Segeln, SUP; Am Ufer 14, 18556 Dranske, Tel. 038391 89898, *ruegen-piraten.de*
- Marinehistorisches- und Heimatmuseum Dranske/Bug: Geschichte des Militärstandortes Dranske/Bug, Ortsgeschichte; Schulstraße 19, 18556 Dranske, Tel. 038391 687185, *bug-wittow.de*
- Fremdenverkehrsamt Dranske: am Schiffsanleger, Information, Zimmervermittlung, Tickets, Bug-Wanderungen; Schulstraße 19, 18556 Dranske, Tel. 038391 89007, *gemeinde-dranske.de*

Einkehr:

- Zum Anker: ehemaliger Fischladen, jetzt Fischgaststätte, schöne Ausstattung, Karl-Liebknecht-Straße 14, 18556 Dranske, Tel. 038391 430966, *fischgaststaette-dranske.de*
- Schreiber´s Fisch: Fischimbiss am Hafen von Kuhle, 18556 Dranske OT Kuhle, Tel. 0170 4811465
- Schifferkrug in Starrvitz: Traditionsgasthaus seit 1455, mit frischen Fischgerichten; Starrvitz 2, 18556 Dranske, Tel. 038391 938845, *schifferkrug-kuhle.de*

Unterkunft:

- Strandhotel Dranske: 4-Sterne-Hotel direkt am Bodden mit Restaurant, Sauna; Hafenstraße 4, 18556 Dranske, Tel. 038391 43480, *strandhotel-dranske.de*

47 Wiek und Wittower Fähre

BODDENGEFLÜSTER

Zwischen dem Wieker- und dem Breetzer Bodden liegt die Südspitze der Halbinsel Wittow: ein flacher Landstrich, vor allem von der Landwirtschaft geprägt, aber beliebt bei den Wassersportlern. Die Wittower Autofähre verbindet die Halbinsel mit Mittelrügen, dem Muttland. Aber man kann auch über die Schaabe und Breege nach Wiek fahren.

Der Südwesten der Halbinsel Wittow ist eher dünn besiedelt. Hauptort ist das beschauliche Dörfchen Wiek mit einem schönen Hafen und der historischen Kreidebrücke. Von Bergen erreicht man Wiek über Trent und die Wittower Fähre.

Das geschichtsträchtige Seefahrerörtchen war einmal ein sehr bedeutender Ort. Der Wohlstand wurde durch die Seefahrt, den Handel und die Herstellung von Honig erworben. Das Dorf „Vikr" wurde 1165 das erste Mal urkundlich erwähnt. Drei Jahre später begann die Christianisierung. Um 1400 ließen Zisterzienser hier eine Dorfkirche erbauen, die noch heute bedeutend ist. Ein Jahrhundert später sollen auch die Vitalienbrüder um Klaus Störtbeker hier Handel getrieben haben. Von Wiek wird berichtet, dass es „wohlbewohnt und volkreich" war, tatsächlich war es um 1820 das größte Dorf der Insel Rügen. Mit der Errichtung eines größeren Hafens begann man 1890, vor allem wegen des geplanten

Die schwebende Promenade

Kreideabbaus am nahen Kap Arkona. Deshalb wurde auch das Eisenbahnnetz erweitert. Aus dem Abbau wurde dann nichts, aber die Kreideverladebrücke aus dem Jahre 1914 ist noch da. Sie wurde 2014 als „schwebende Promenade" saniert und ist heute eine beliebte Flaniermeile mit Restaurant. Von der Brücke kann man bis Hiddensee schauen, besonders schön sind die Sonnenuntergänge.

Hübsche Bürgerhäuser

Der Hafen ist heute das Zentrum von Wiek, hier legen Ausflugsboote ab, es gibt nette Geschäfte und Cafés. Hinter der Brücke erstreckt sich der Jachthafen und dahinter der lange Surferstrand mit einem perfekten Stehrevier. Wiek selbst hat keinen größeren Badestrand, aber der Heimatverein hat 2019 gesammelt und neben dem Hafen einen Badesteg für die Allgemeinheit angelegt. Über eine Leiter kommt man so ins Wasser, es gab sogar drei Fahrradständer und eine Bank dazu. Die nächsten Sandstrände sind aber nur sechs bis sieben Kilometer entfernt in Nonnevitz oder an der Schaabe.

Glockenturm St. Georg

Schön ist die kleine Innenstadt mit recht hübschen Bürgerhäusern und der Kirche St. Georg. Die dreischiffige, gotische Backsteinkirche wurde ab 1400 gebaut. Davor steht ein hölzerner Glockenturm, der um 1600 den ausgebrannten Kirchturm ersetzte. Die Innenausstattung ist sehenswert, ein reich gestalteter Altar und ein hölzernes Standbild von „Ritter Georg zu Pferde", 1,75 Meter groß. Gegenüber gibt es sehr leckeren Kuchen bei der Inselbäckerei Maltzahn. Weiter südlich liegt auf der linken Seite die unter Denkmalschutz stehende AOK-Klinik Wiek. 1920 kaufte die sächsische Regierung das vorher militärisch genutzt Areal. Schon 1922 war es die größte Kurklinik in Ostdeutschland. Bis zu 1250 Kinder machten hier Ferien. Ein Neubau erfolgte 1928/29 nach Plänen der Architekten und Bauhausschüler Oskar und Gustav Waldo Wenzel. Es waren 26 schneeweiße Holzhäuser mit Säulengängen, mehrere Wirtschaftsgebäude, eine Gärtnerei, ein Glockenturm und ein eigener Strand. Im Zweiten Weltkrieg wurde es Erziehungsanstalt, Wehrertüchtigungslager und Lazarett. Danach zogen Flüchtlinge ein und ab 1949 war es ein Kindergenesungsheim.

Fährt man die Straße weiter nach Süden, erreicht man die Wittower Fähre. Schiffsverkehr gab es hier schon seit dem frühen Mittelalter, einen geschlossenen Landweg aber erst ab 1869 mit dem Bau des Lietzower Damms. Die erste Eisenbahnfähre nahm 1896 ihren Betrieb auf. Die 37,9 Kilometer lange Strecke der Rügener Schmalspurbahn führte von Bergen über Trent bis nach Altefähr. Zwei Fähren transportierten regelmäßig drei Güterwaggons und manchmal auch eine Dampflok, Personen mussten umsteigen. 1968 wurde die Eisenbahnstrecke von der Wittower Fähre bis Altefähr abgebaut, 1970 folgte das südliche Stück bis Bergen. Seitdem betreibt die Weiße Flotte den Fährbetrieb.

1996 erneuerte man die Anleger, die alten stehen daneben unter Denkmalschutz. Die Fährstrecke ist 350 Meter lang, die Fahrzeit beträgt gut acht Minuten, alle 15 bis 20 Minuten legt ein Schiff ab. Es befördert Personen und Fahrzeuge bis 30 Tonnen. Sehr beliebt ist der Ort auch bei Anglern: Neben dem nördlichen Fähranleger liegt ein kleiner Steg. Durch die schmale Stelle zwischen Breetzer- und Wieker Bodden kommen durchziehende Fische in Wurfweite, der Hering im April und der Hornhecht im Mai.

Info

Lage: Wiek liegt auf der Halbinsel Wittow am Wieker Bodden.

Aktivitäten:

- Schiffsausflug nach Hiddensee: einstündige Fahrt durch den Nationalpark Vorpommersche Boddenlandschaft nach Vitte, von Mai bis Oktober; *reederei-hiddensee.de*
- TP-Rügenangeln: Angeltouren, Bootsverleih; Marina Wiek, Am Hafen 9, Tel. 0160 96666044, *tp-ruegenangeln.com*
- Touristeninformation Wiek: Zimmervermittlung, Fischereischein, Tickets, Landkarten; Am Markt 5, 18556 Wiek, Tel. 038391 76870, *wiek-ruegen.de*

Einkehr:

- Blumencafé Rügen: schönes Gartencafé, Blumen- und Antikladen; Gerhart-Hauptmann-Straße 6, 18556 Wiek, Tel. 038391 769932, *blumencafe-ruegen.de*

Unterkünfte:

- Pension & Restaurant Zur Mole: am Hafen, Restaurant mit Kamin und schöne Gartenterrasse; Bahnhofstraße 5, 18556 Wiek, Tel. 038391 76562, *pension-zur-mole.de*
- Hotel & Restaurant Alt Wittower Krug: gepflegtes Hotel im Landhausstil mit 8000 Quadratmeter Garten; Gerhard-Hauptmann-Straße 7, 18556 Wiek, Tel. 038391 7600, *alt-wittowerkrug.de*

48 Schaprode und Udarser Wiek

RUF DER KRANICHE

Wenn man im Sommer nach Schaprode kommt, denkt man fast, man ist in Wolfsburg. Das kleine Fischdörfchen mutiert zur Autostadt, die fast nur noch aus Parkplätzen besteht. Wer auf die autofreie Insel Hiddensee will, lässt hier sein Auto zurück, reist mit der Fähre oder einem Wassertaxi weiter. Hiddensee hat nicht einmal tausend Einwohner, aber im Sommer täglich bis zu 4000 Übernachtungsgäste, dazu kommen noch einmal rund 3000 Tagesausflügler.

Schaprode ist das Tor zur autofreien Insel Hiddensee. Hier legen die meisten Fähren ab, hier kommen aber auch die meisten Autos an. Das ehemalige Fischerdörfchen hat jedoch noch mehr zu bieten. Bei einer Wanderung nach Udars kann man Kraniche sehen, und es gibt sogar zwei Gutshäuser.

Gute vier Monate steht Schaprode Kopf, aber die meiste Zeit führen die rund 400 Einwohner ein eher beschauliches Leben. Aber man braucht den Tourismus, und dass dieser auch etwas einbringt, sieht man im ganzen Ort: Schaprode hat sich hübsch herausgeputzt mit einer schönen Hafenanlage, mit Cafés, Restaurants und einem Jachthafen mit 220 Liegeplätzen. Nördlich erstreckt sich ein großer Badestrand, dahinter ein Campingplatz. Das sehr flache Ufer ist ideal für Kinder und auch ein beliebtes Stehrevier für Surfer. Südlich liegt die Insel Öhe, 75 Hektar groß und seit Generationen in Privatbesitz. Auf den Salzwiesen wird nachhaltige Tierzucht betrieben.

Etwas Besonderes sind die liebevoll sanierten reetgedeckten Kapitänshäuser und Fischerkaten aus dem 17. und 18. Jahrhundert. Einige haben geschnitzte, farbige Holztüren, die früher auch den Wohlstand repräsentieren sollten. Die Türen sind aber nicht nur Schmuck, sondern haben oft auch einen symbolischen Charakter. Der Lebensbaum steht für den Wunsch nach fruchtbarem Leben oder die Sonne für Glück im Haus.

Erstmals urkundlich erwähnt wurde Schaprode schon im Jahr 1193, war durch den Hafen ein wichtiger Handelsplatz. Imposant ragt die St. Johanneskirche mit ihrem hölzernen Glockenturm über die kleinen Häuser. Mit dem Bau wurde bereits Anfang des 13. Jahrhunderts begonnen. St. Johannes ist somit die drittälteste Kirche auf Rügen. Auch im Innern gibt es so manches Kleinod zu entdecken wie die geschmückte Barockkanzel oder eine sehr schöne Patronatsloge für die früher hier ansässigen Adelsgeschlechter wie die von Südow, von Usedom, von Bohlen oder von Platen.

Schaprode

Rund um Schaprode befinden sich einige alte Gutshäuser- und Herrensitze, zum Teil auch noch mit schönen Parks. Am nördlichen Ortsausgang von Schaprode steht ein 2,40 Meter hoher Sühnestein, um den sich diverse Geschichten ranken. War es ein Bischof, der hier zu Tode kam? Die meisten Sagen beziehen sich auf die Familie von Platen. Am 15. Juli 1368 sollen hier der Ritter Reynwart von Platen und seine Söhne erschlagen worden sein. Auch nördlich von Schaprode ist die Gegend geschichtsträchtig, wurde doch auf dem Weg nach Poggenhof, am Hügelgrab „Ruge Barg", der Silberschatz des Blauzahn gefunden.

Versiegt im Herbst der Urlauberstrom, reisen die Kraniche an. Teile des Schaproder Boddens und die Udarser Wiek gehören zum Nationalpark Vorpommersche Boddenlandschaft. Die Udarser Wiek ist sehr flach, meist sogar unter 1,5 Meter. Hier rasten die Durchzügler: Gänse, Enten und Kraniche. Südlich des Hafens führt eine Straße östlich entlang, die bald zu einem schönen Wanderweg wird. Am Feldrand entlang geht es durch Wald und Wiesen auf einen von Eichen umsäumten Weg. Ungefähr zwei Kilometer sind es bis zum Vogelbeobachtungsturm. Ein Fernglas erweist sich als nützlich, am Ufer gibt es einen breiten Schilfgürtel. Auf der anderen Seite liegt die Insel Ummanz. Wo die Wasservögel sind ist auch der Seeadler nicht weit. Der Standvogel bleibt das ganze Jahr in seinem Revier. Besonders schön sind im Herbst die Rufe der Kraniche und wie sie in Formation zu ihren Rastplätzen einfliegen.

Fischerhaus in Schaprode

Die Wanderung geht weiter auf dem Deich, eine Rasthütte lädt zum Verweilen ein, kurz danach biegt der Weg links in einen Feldweg zum Gutshaus Udars ein. Anfang des 18. Jahrhunderts errichtet, wird es gerade liebevoll von dem norwegischen Architekten Lars Jacob Hvinden-Haug und dem Künstler Tilo Uischner saniert. Ein ungefähr 1,5 Kilometer langer Feldweg verbindet Udars mit dem Rittergut Streu, welches bereits saniert wurde. Das wunderschöne Privatanwesen kann bei der jährlichen Mittsommer-Remise im Juni sowie beim Tag des offenen Denkmals besichtigt werden. Nördlich des Gutshauses geht es über den Streuer Weg wieder zum Hafen zurück.

Lage: Schaprode liegt im Nordwesten Rügens, etwa 23 Kilometer von Bergen entfernt.

Aktivitäten:

- Leichte Wanderung: etwa sechs Kilometer flache Strecke, festes Schuhwerk für eventuelle Feuchtwiesen, zwei überdachte Rastplätze, Proviant, Wasser, Fernglas nicht vergessen.
- Reederei Hiddensee: Fahrscheinverkauf im Hafen von Schaprode, täglich bis zu zwölf Abfahrten nach Hiddensee, *reederei-hiddensee.de*
- Tourismusverein West-Rügen e. V.: Info-Stube Gingst, Karl-Marx-Straße 19, 18569 Gingst, Tel. 038305 53483, *westruegen.net*

Einkehr:

- Gasthaus Fähreck: Ein Stopp lohnt! Prämierte Eisdiele plus Restaurant, schöne Gartenterrasse; Dorfstraße 25, 18569 Trent, Tel. 038309 1351
- Schillings Gasthof: uriges Gasthaus am Hafen mit moderner, regionaler Küche, Bio-Rindfleisch von der Insel Öhe, Kutterfisch von Hiddensee, daneben Hofladen plus Bistro „Fischhaus"; Hafenweg 45, 18569 Schaprode, Tel. 038309 1216, *schillings-gasthof.de*

49 Insel Ummanz

NATURIDYLL FÜR SURFER UND KRANICHE

Zur Gemeinde Ummanz gehören außer der Insel noch fünf weitere kleinere Inseln sowie einige Dörfer auf dem Festland. Ganz im Westen von Rügen dominieren Felder, Wiesen und Äcker, alles ist sehr flach und vollkommen ruhig. Kaum vorstellbar, dass nur wenige Kilometer entfernt das pralle Leben in den Seebädern tobt.

Die Insel Ummanz liegt westlich vorgelagert vor Rügen im Nationalpark Vorpommersche Boddenlandschaft. Sie ist 20 Quadratkilometer groß, kaum besiedelt und besonders beliebt bei Ruhesuchenden, aber auch bei Surfern.

Die Anfahrt führt durch mehrere wunderschöne Alleen von Gingst nach Mursewiek zum Erlebnis-Bauernhof Kliewe. Hier kann man Kaffee und Kuchen bekommen, Kleintiere streicheln und sich ein Fahrrad ausleihen. Radfahren bedeutet hier Genussradeln, denn der höchste Berg ist gerade mal 6,2 Meter hoch. Alles ist schön flach und überschaubar. Bei großer Hitze empfiehlt sich jedoch eine Kopfbedeckung, denn viel Wald gibt es nicht.

Seit 1901 führt eine 250 Meter lange Brücke über den Focker Strom auf die Insel Ummanz. Hier liegt der Hauptort Waase mit einem kleinen Fischerhafen und einem hübschen Leuchtturm. Einen kleinen Schatz birgt die um 1450 erbaute St. Marienkirche. Im Innern steht ein spätgotischer Flügelaltar mit aufwendig geschnitzten und vergoldeten Tafelbildern. Das kostbare Retabel aus einer Antwerpener Werkstatt wurde eigentlich für England gefertigt, aber dort verschmäht. Wahrscheinlich weil dort u. a. der Mord an Erzbischof und Kanzler Thomas Becket gezeigt wird. König Heinrich II. und Becket waren fast gleichaltrig und begünstigten sich zunächst, doch mit den Ämtern strebte Becket zunehmend Bescheidenheit und die Freiheit der Kirche an, übte gleichzeitig immer mehr Kritik am Königshaus. Schließlich musste der Lordkanzler nach Frankreich fliehen. Etwas später versprach ihm der König in England die Freiheit, brach aber sein Wort und ließ ihn ermorden. So wurde der Altar mit der unangenehmen Wahrheit zunächst von England nach Stralsund an die Nikolai-Kirche verkauft. Als die Schnitzereien 1702 aber unmodern wurden, verscherbelte die den Altar für 50 Taler nach Ummanz. Hier hütet man nun den seltenen Schatz.

Leuchtturm Waase

Neben der St. Marienkirche steht das Alte Küsterhaus mit einem Ausstellungszentrum des Nationalparks Vorpommersche Boddenlandschaft und der Tourismus-Information. Ein paar Schritte dahinter liegt die Töpferei der Kunsthandwerkerin Susan Schmorell. Hier kann man selbst töpfern. Die Radtour führt weiter geradeaus, vorbei an der berühmten Haflingerzucht Ummanz. Süße Fohlen anschauen ist angesagt, aber es gibt auch

Marienkirche Ummanz

Reitstunden, Kutschfahrten und sogar Stutenmilch. Hinter Waase biegt der Weg rechts nach Tarnow ab, eine sehr schöne Strecke neben einem dichten Schilfgürtel. Dahinter erstreckt sich der Schaproder Bodden mit den Inseln Liebes, Wührens, Mährens und Urkevitz. Sie sind unbewohnt, aber besonders beliebt bei den Kranichen. Nach ungefähr drei Kilometern erreicht man einen Rastplatz, von hier aus geht es nochmal 500 Meter weiter zu Fuß zu einem Beobachtungsturm auf die Udarser Wiek. Seeadler ziehen hier ihre Kreise, denn es gibt reichlich Nahrung.

Südlich geht es auf einem Plattenweg über Markow in den 4,4 Kilometer entfernten Ort Haide. Die „Orte" sind hier nie mehr als eine Handvoll Häuser. Erst kommt die Pension Windrose, danach der selbst ernannte Inselstaat „Ummaii", ein Surfhostel mit Surf- und Kiteschule, einer Pizzeria und der Tiki Bar. Hier, im größten Stehrevier Deutschlands, heißt es sehen und gesehen werden, Cocktails schlürfen und bei tollen Sonnenuntergängen relaxen. Zwölf Kilometer lang ist dieser Surfhotspot, ab Windstärke 4 flippen hier alle aus.

Die Radtour geht weiter Richtung Süden über den Deich nach Suhrendorf, entlang eines wunderschönen Naturbadestrandes. In Sicht kommt die Regenbogen-Ferienanlage. Vorher geht es links vom Deich auf einen Waldweg und dann südlich Richtung Wusse. Lohnend ist zuvor noch ein Abstecher nach Freesenort. Hier stehen vier sehr alte Fischerhäuser, das älteste ist die „Haasenburg" mit einem Zuckerhutdach aus dem 17. Jahrhundert. Davor bietet sich ein beeindruckender Blick über den Kubitzer Bodden bis nach Stralsund. In Wusse findet man das bezaubernde Gartencafé Zuckerguss und eine Töpferei. Zwei Kilometer weiter

Freesenort

ist schon wieder Waase erreicht. Wem es nach deftigerer Kost gelüstet, der biegt direkt nach der Brücke rechts nach Lieschow ab und fährt zum Hof von Bauer Lange, danach vielleicht noch zur 1ste Edeldestillerie Rügens, wo es eine Reihe von Bio-Obstbränden gibt – zum Mitnehmen, versteht sich. Zurück geht es auf schnurgeradem Weg wieder nach Mursewiek.

Info

Lage: Die Insel Ummanz liegt im Westen Rügens.

Aktivitäten:

- Radtour: Leichte, flache Strecke, mit allen Abstechern 25 Kilometer über Asphalt- oder Plattenstraßen, mehrere Einkehrmöglichkeiten. Wasser, Sonnencreme, Kopfbedeckung, Badezeug und Fernglas mitnehmen.
- Bauer Lange: großer Erlebnis-Bauernhof, Hofküche- und Scheunenrestaurant, Streichelzoo, Maislabyrinth, Rosen- und Kräutergarten, Bolzplatz, Trecker fahren; Lieschow Hof Nr. 37, 18569 Ummanz OT Lieschow, Tel. 038305 55117, *bauerlange.de*
- 1ste Edeldestillerie auf Rügen: Hochwertiges Bio-Obst von der Insel wird hier seit fast 20 Jahren zu Edelbränden und Likören verarbeitet; Lieschow 18, 18569 Ummanz, Tel. 038305 55300, *1ste-edeldestillerie.de*
- Touristeninformation und Ausstellung: Neue Straße 63a, Alte Küsterei, 18569 Ummanz, Tel. 038305 53481, *ruegeninsel-ummanz.de*

Einkehr:

- Café Zuckerguss: Gartencafé mit Sicht auf den Bodden und die Skyline von Stralsund; Dorfstraße 11, 18569 Ummanz, Tel. 038305 537116, *cafe-zuckerkuss.de*
- Erlebnis-Bauernhof Kliewe: Hofladen und Restaurant, Geflügelspezialitäten, Kaffee und Kuchen, Streicheltiere, Fahrrad- und Kettcarverleih; Mursewiek 1, 18569 Ummanz OT Mursewiek, Tel. 038305 530010, *bauernhof-kliewe.de*

50 Leuchtturm von Hiddensee

WANDERUNG AUF DEM DORNBUSCH

Wer nach Hiddensee reist, kommt mit der Fähre an, entweder von Stralsund oder Schaprode. Schon von Weitem sieht man ihn, den Leuchtturm hoch oben auf dem Dornbusch. König Hedin von Norwegen soll auf diesem Eiland einst um eine Frau gekämpft haben, darum nannte man sie später Hedins Insel, „Hedinsey". Die Dänen sagten „Hedins Oe". Der heutige Namen „Hiddensee" kam erst Anfang des 20. Jahrhunderts auf. Die Insel ist 16,8 Kilometer lang und hat die Form eines Seepferdchens. Früh beliebt war Hiddensee bei Schauspielern, Malern, Dichtern und Musikern. So zog es die Balletttänzerin Gret Palucca, die Dichter Joachim Ringelnatz, Gerhart Hauptmann oder Thomas Mann hierher, auch die Punkband Feeling B mit Frontmann Aljoscha Rompe, der inzwischen auf dem Inselfriedhof begraben liegt. Die Insel gehört zum Nationalpark Vorpommersche-Boddenlandschaft. Eine beliebte Wanderung führt zum Leuchtturm, dem Wahrzeichen der Insel.

Vor über hundert Jahren kamen die ersten Künstler nach Hiddensee, die Schwesterninsel von Rügen. „Dat söte Länneken" ist heute noch sehr beliebt und immer noch autofrei. Besonders schön ist eine Wanderung zum Leuchtturm über den Dornbusch.

Start ist am Hafen von Kloster, dem kulturellen Hauptort im Norden. Vorbei geht es am altehrwürdigen Hotel Hithim über der Hafenweg, dann rechts über die Straße Am Reedsaal und weiter die Dorfstraße entlang Richtung Osten, rechts liegen das Hotel Enddorn und Grieben. Es gibt sehr schöne Ausblicke auf den Vitter Bodden. Am Enddorn ist ein Rastplatz mit einem Abstieg zum Steilufer. Vom Enddorn führen zwei Landzungen nach Süden, der Alte und der Neue Bessin. Wer möchte, macht rechts einen Abstecher zum Alten Bessin. Bis zur Spitze mit dem Aussichtsturm sind es gut drei Kilometer, hier sieht man das Windwatt in der Kernzone des Nationalparks. Der Neue Bessin ist ganz und gar gesperrt, hier brüten viele See- und Zugvögel. Er wächst jährlich um einige Meter. Das Windwatt dahinter besteht aus einigen Sandbänken, die bei Niedrigwasser gut zu sehen sind. Theoretisch könnte man vom Neuen Bessin nach Rügen wandern, nur gut 500 Meter trennen den Bug bei Dranske noch von Hiddensee. Doch die Fahrrinne wird immer wieder ausgebaggert.

Hafen von Kloster

Vom Rastplatz Enddorn beginnt ein Hochuferweg, der ist aber wegen der zahlreichen Abbrüche inzwischen gesperrt. Vom Rastplatz geht es daher gut 800 Meter zurück zum Plattenweg und dann rechts hoch auf die Hügel Richtung Plateau. Vom Svantiberg zum Fliegerberg führt der Weg auf und ab durch eine schöne Wiesenlandschaft. Schlehen- und Holunderbüsche sowie der berühmte Sanddorn von Hiddensee

Typisch Hiddensee: der Sanddorn

wachsen hier, den schon Nina Hagen besang. Im Frühling gibt es tausende von unermüdlichen, kleinen Sängern in den Zweigen, denen nur noch die atemraubenden Ausblicke die Schau stehlen.

Dann steht man endlich vor ihm, dem Leuchtturm von Hiddensee. Er wurde 1888 erbaut, ist 28 Meter hoch und steht auf dem 70 Meter hohen Schluckswiekberg. Eine Aussichtsplattform erreicht man nach 102 Stufen, der Lichtstrahl reicht ungefähr 45 Kilometer weit. Erst seit 1994 können Besucher hinein. Lange diente der Leuchtturm nicht nur Schiffen als Landmarke, sondern sollte auch DDR-Flüchtlinge aufstöbern. Die Patrouillenboote der Volksmarine hatten keine so leistungsstarken Schein-

Leuchtturm Hiddensee

werfer. Nachts liefen Grenzer mit Maschinenpistolen am Strand entlang. Eine Flucht über Hiddensee zur 70 Kilometer entfernten dänischen Insel Mön war so gut wie aussichtslos. Zwei Surfer haben es 1986 dennoch geschafft, aber die meisten wurden vorher verhaftet oder kamen in den Wellen um. Bis heute weiß man nicht, wie viele Menschen das waren. Wer heute vom Leuchtturm aus die Kreidefelsen von Mön sieht, weiß auch, dass er dort hinfahren kann.

Gemütlich geht es nun zum „Klausner". Schon fast ein Pflichtbesuch, spielt in der Traditionsgaststätte doch die Handlung in dem 2014 erschienenen und mit dem Deutschen Buchpreis ausgezeichneten Roman „Kruso" von Lutz Seiler. Durch den Wald kommt man zum Aussichtspunkt Inselblick und dann geht es über die Leuchtturmstraße zurück nach Kloster.

Info

Lage: Die Insel Hiddensee liegt nordwestlich von Rügen.

Aktivitäten:

- Leuchtturm Dornbusch: ab sechs Jahre, bei schlechtem Wetter gesperrt; Im Dornbuschwald 1, 18565 Kloster, Tel. 038300 50456, *seebad-hiddensee.de/leuchttuerme*
- Fährverkehr von Schaprode und Stralsund: von Stralsund bis Kloster 2,5 Stunden, von Schaprode bis Kloster 30 Minuten. Die Fähren verkehren etwa 16-mal am Tag und halten in Neuendorf, Vitte und Kloster, *reederei-hiddensee.de*
- Insel Information Hiddensee: Achtern Diek 18 a, 18565 Vitte, Tel. 038300 608685, *seebad-hiddensee.de*

Einkehr:

- Hotel Enddorn: idyllische, ruhige Lage mit Blick zum Bodden, Restaurant „Die Bilderkneipe" mit regionaler Küche; Dorfstraße 6, 18565 Grieben, Tel. 038300 460, *enddorn.de*
- Zum Klausner: Gaststätte und Pension, großer Biergarten auf dem Bakenberg; Im Dornbuschwald 1, 18565 Kloster, Tel. 038300 6610, *klausner-hiddensee.de*

Unterkunft:

- Hotel Hitthim: großes historisches Fachwerkhotel direkt am Hafen von Kloster mit urigem Restaurant; Hafenweg 8, 18565 Kloster, Tel. 038300 6660, *hitthim.de*

Das kleine Wörterbuch

FÜR RÜGEN

A

Achter de Huk – hinter der Ecke
Ackersnacker – Handy

B

Bangbüx – Angsthase
Bibbermann – Götterspeise

D

Dösbaddel – ein ungeschickter Mensch, der gerade mit dem Kopf woanders ist
duun – betrunken

F

Feudel – Wischtuch
Flinkfleuter – jemand der alles husch, husch macht.

G

Gnatzkopp – verschrobener Typ
Gröölkist - Radio
Gauden Tach! – Guten Tag!

H

Hei wourt mi an! – Er antwortet mir!
Hol över! – Ruf nach dem Fährmann auf der anderen Seite

K

Kinnings – Kinder, aber auch „he Leute"
Klönsnack – gemütliche Unterhaltung
Klötenköm – Eierlikör
Klookschieters – Klugscheißer

L

Leckerschmecker – jemand mit gutem Geschmack
Lütt Deern – kleines Mädchen

M

Meckerbüddel – Person, die immer was zu meckern hat
Moin! – Guten Morgen/Schönen Tag!
Moin, Moin! - Erwiderung auf Guten Morgen/Schönen Tag!
Mudding - liebevoll für Mutter

N

Nähm di nix vör, denn sleith di nix fähl.– Nimm dir nichts vor, dann schlägt dir nichts fehl!

O

Op dat Leven! - Auf das Leben!

P

Pannfisch – in der Pfanne gebratener Fisch
Pannkoken – Eierkuchen

R

Ragger – kleine freche Jungs
Ramduun – hackevoll, völlig blau
Rammdösig – verwirrt, nicht ganz helle
Ratzefummel – Radiergummi
Reetdach – Schilf- oder Röhrichtdach

Schietweer – schlechtes Wetter
Schlackermaschü – Schlagsahne
Set di dol! – Setz dich hin!
Snutdauk – Mund-Nasen-Schutz (Plattdeutsche Neuschöpfung des Jahres 2020)
Spökenkieker – abergläubischer Mensch
Strommoehlen – Windräder

T

Tauhus – Zuhause
Tüffeln – Kartoffeln
Tüttelkram – viele kleine Sachen, die schwierig zu entwirren sind

U

Up – auf
Utklamüsern – austüfteln
Uttrecken – ausziehen

Vandaag – heute
Veer – vier
Verdattert – erschrocken
Vertell dat op Platt – Erzähl es auf Plattdeutsch

W

Wat mutt dat mutt! – Was sein muss, muss sein!
Wenn dat so licht wier! – Wenn das so klar wäre!
Wie geiht die dat? – Wie geht es Dir?

Z

Zeege – Ziege
Zwölken – Schwalben

Autorinnenspuren

Register

I

J

K

L

M

N

O

P

Sellin

360°

Gina Quattroventi,
Philip Raillon
ISBN 978-3-96855-301-6
Preis 16,95 €

In der Reihe sind u. a. bisher erschienen:

Bernadette Olderdissen
ISBN 978-3-96855-071-8
Preis 14,95 €

Rasso Knoller
ISBN 978-3-96855-266-8
Preis 16,95 €

Anke Fietzek
ISBN 978-3-96855-075-6
Preis 14,95 €

Janine Breuer-Kolo
ISBN 978-3-96855-079-4
Preis 16,95

HEIMAT**MOMENTE**

HEIMAT**MOMENTE** legt den Fokus auf unvergessliche Momente und spannende Mikroabenteuer. Freuen Sie sich auf Tipps zu ausgefallenen und erlebnisreichen Ausflügen, kulinarischen Highlights sowie einzigartigen Kultstätten und anderen Kuriositäten.

Preis
16,95 €

Christian Nowak
ISBN 978-3-96855-303-0

Weitere Titel der Reihe und mehr Infos unter:
360grad-medienshop.de/heimatmomente

Versandkostenfreie Lieferung innerhalb Deutschlands

Bildnachweis:

Alle Bilder von Dolores Kummer, außer Axel Mauruszat CC BY 4.0 S. 75 | Biosphärenreservat Südost-Rügen CC BY-SA 4.0 S. 91 | Edward Köhler pixabayS. 260 | Felix König CC BY 3.0 S. 259 | gemeinfrei S. 103 | Global Fish CC BY-SA 4.0. S. 256 | JH Janssen CC BY-SA 3.0 S. 92, 255 | Jörg Blobelt CC BY-SA 4.0 S. 19 | Maps4 News S- 24, 25, 29, 97, 143, 189, 231 | Michael Fiegle CC BY-SA 4.0 S. 98 | Michael Mayer CC BY 2.0 S. 170 | mikezwei pixabay S. 158 | Paul Henri Legrande pixabay S. 206 | Pixabay S. 16| Pixelteufel CC BY 2.0 S. 74, 252 | Robert Waldhausenpixabay S. 17 | Stadt PutbusBIG foto f.melzer S. 88 | Steffen Zahn CC BY 2.0 S. 171 | Störtebeker Festspiele S. 82, 83 | Yvonne Bentele CC BY-SA 3.0 S. 156